問題解決学習で教育を変える

植村 繁芳

学文社

はじめに

　問題解決学習の定義は，必ずしも明確ではない。一般的には，主としてＪ．デューイの学習理論にもとづく５段階の学習過程が知られているが，日本で根付いている問題解決学習の実践，たとえば静岡市立安東小学校のそれは，そのような観点では到底とらえきれないスケールと奥行きを備えている。「問題解決学習」は，実のところ多義的である。にもかかわらず，指導要領においてはそれが一意的な言葉であるかのごとくに使用されている。では，何故にそのことが問題視されないのか。それは，問題解決学習が教育改革のスローガンの一つにすぎないからではないのだろうか。もしそれが実質を備えているなら，指導要領が旧来求めてきた「系統的な指導（系統学習）」と齟齬をきたすことになる。系統的な指導（系統学習）では，その主たる教育内容である「基礎・基本」が到達目標（＝答）として位置づけられている。問題から問題へと深化発展してゆく問題解決学習においては，「基礎・基本」もまた追究の手がかりにすぎない（それゆえに，「基礎・基本」を含む知識や技能が，個々の子どもの中で有機的に統合されると考えている）。性格を異にする二つの学習方法が，容易に両立するはずもない。

　平成元年および10年指導要領が目途した教育改革は，未だ進展の気配がみられない。もっとも表面上，システム上は様相が少なからず変化している。しかし，授業実践の本質は何ら変わっていないと実感しているのは，私だけであろうか。手厳しい言い方になるが，種々の新方策を盛り込んだだけで統一性を欠いた指導要領は，教育現場を混乱させ，疲弊させるばかりだ。教育が上滑りし，質の低下を招きかねない。

　本書の目的は，第一に問題解決学習の論理と意義を明らかにすることにある。そのための前提として，第１部で現状分析と理論的検討を行う。そこでは，旧来の学習指導のあり方を実質的に規定してきた「基礎・基本」を主要な検討対

象にする。さらに，問題解決学習の定義づけを行うとともに理論化をはかる。第2部では，問題解決学習の具体的な方法論を展開する。

　問題解決学習の教育的意義の大きさは，底知れない。だが，その底力が十分に発揮されるようにするには，目標，内容，方法，評価の四者を統合する必要がある。それゆえに，問題解決学習の普及と日常化は，教育そのものの新生につながる。

著　者

目　次

　　はじめに
　　序　章 ──────────────────────────── 9

第1部　現状分析および理論的検討

第1章　「基礎・基本」の検討 ──────────────── 16
　　1　「基礎・基本」とは何か　17
　　2　「基礎・基本」はどのようにして作られたか　22
　　　　　焦点化，モデル化　22
　　　　　標準化，模範化　26
　　　　　生活指導における模範化　29
　　3　「基礎・基本」配列の論理──「系統性」の検討　34
　　4　教育による人間疎外　38
第2章　教育の論理としての問題解決学習 ─────────── 40
　　1　知識とは何か　40
　　　　　ある社会科の授業から　40
　　2　問題解決学習の原理　43
　　　(1)　基礎学力と生きて働く学力　43
　　　(2)　問題解決学習の子ども像　44
　　　(3)　切実な問題──新たなる基礎・基本論　51
　　　　　新たなる基礎・基本論　54
　　　　　問題解決学習の副次的所産──クラスが変わる　57
　　　(4)　抽出児　58
　　　(5)　子どもをとらえる　63
　　　　　学力とは何か──客観主義の陥穽　64
　　　　　個をとらえる　69
　　3　教師は思想家たれ　73

第2部　実践上のポイント

第3章　社会科の実践 ——————————————————————— 80

  1　小学校中学年の社会科　85
    地域調べ　88
    地域の人々の生活　90
    買い物調べ　93

  2　地理的領域　95
    四季のある地域とない地域　97
    地震の国日本　98
    これからの発電方法　100
    私たちの町の合併問題　101
    木材の大量消費国日本　103
    民族問題と異教徒の対立　105
    世界の国々を調べよう——アメリカの場合　107

  3　歴史的領域　112
    古代人の死生観と古墳　115
    古代から中世へ　118
    近世から近代へ　123
    近代から現代へ　125

  4　公民的領域　128
    現代社会と私たちの暮らし　130
    私たちの生活と憲法　132
    民主政治とそのしくみ　132
    経済のしくみと私たちの暮らし　134
    近未来の世界平和　136

第4章　理科の実践 ——————————————————————— 138

    仮説実験授業の検討　144
    身近な素材を題材として　148
    日常生活の中で生じた疑問から　149

第5章　算数・数学の実践 ───────────────── 151
　　　「意味」の実質　　155
　　　意味の理解をはかる授業　　157
　　　教科書の扱い　　158
第6章　国語の実践 ────────────────────── 160
　　　国語の学力とは　　161
　　　説明的文章をどう扱うか　　163
　　　文学的文章をどう扱うか　　167

　おわりに　　171

問題解決学習で教育を変える

序　章

　　旧教育の積弊はいじめ，不登校，校内暴力，学級崩壊等の教育問題として露呈した。そのような憂慮すべき教育状況を背景として改訂された平成10年学習指導要領は，「ゆとり」の中で「生きる力」を育むことを基本的なねらいとしている。しかし，改訂の当初から上がっていた学力低下を懸念する声に応えて公示された"確かな学力の向上のための2002アピール「学びのすすめ」"（文部科学省）によって，新教育課程の矛盾点が鮮明になった。すなわち，改訂の趣旨は，自ら学び，考える力を育成するために教育内容を減らし，「ゆとり」を設けたとしていたが，「学びのすすめ」では，発展的な学習を奨励し，宿題を与えるよう求めるなど学習内容を増大させ，「ゆとり」を奪う方針を打ち出している。

　　こうした矛盾は何故に生じたのであろうか。もちろん，直接的には学力低下を懸念する声に応じたことに因っている。だが，より根本的な原因ともいえる「見解」が存在していたことを見過ごすわけにはいかない。改訂の基本方針を立てた第14期中央教育審議会答申（平成3年4月）には，次の一節がある。「学校教育における偏差値偏重，受験競争の激化，その前提となる高校間『格差』，大学の『序列』は，今日，日本のいかなる問題にも必ず障害要因として顔をのぞかせる最大の病理である。しかし，他面ではこれが，日本の教育のバランスを支える安全弁でもあり，さらに産業社会の成功因でもあるとなると，社会全体の平等と効率のバランスを著しく失うことなしに，同時にそれの引き起こす裏面の災いをどのように制限し，少しでも緩和することができるか，これは矛盾しているがゆえに絶望的に困難な課題であるように思えてならないのだが，しかしまた，教育改革の目的は，紛れもなくここにしかないようにも思えるの

である。」（大蔵省印刷局発行，13ページ）

　この「見解」から判断するかぎり，要領の改訂は大きな「矛盾」を包蔵した見切り発車の状態で行われたことになる。「矛盾」は，近い将来教育現場の混乱を招くにちがいあるまい。「改革」どころか「改悪」となるおそれさえ孕んでいる。否，その現実化の兆しはすでにうかがえる。したがって，遅ればせの感は免れないが，原点に立ち戻って再検討を行うことが緊要である。そして，本書の目的の一半もまたそのことにある。

　まず，その「見解」について考えてみよう。それは，「矛盾」の存在を自覚しつつも，これを避けがたいものとして容認したうえで，改革をすすめる旨を述べているが，その根拠を「最大の病理」である「障害要因」が同時に「安全弁」であり，「産業社会の成功因」でもあるからだとしている点に注目したい。「安全弁」という表現は，その真意を測りかねる。あるいは受験生と教育施設の需要供給の関係がとにかくも満たされ，少なくとも現教育システムの安定の保持には役立っているということを含意しているのであろうか。もしそうだとすれば，「改革」方向しだいでは動いてしまう問題であり，ここではその当否を論じるまでもないだろう。本書では「改革」自体の再検討を行おうとしているのであるから。検討の余地があるのは後者の「産業社会の成功因」の方である。後述するが，教育と経済のかかわりの歴史からみて，それが最も有力な論拠であることは明白である。

　ところで，「産業社会の成功因」とされている「障害要因」の根元は，昭和40年代に確立した「偏差値」競争的学校体制である。その特徴は，優れた人材の養成を学校教育の第一義として科学的知識の内面化を重視するとともに，競争原理の導入によって学習意欲を喚起し，エリートの選別を行い，能力特性に応じて教育内容，教育機会を差別化するところにある。そして，周知のように「偏差値」が選別と差別化を行う際の指標とされてきた。先の「見解」は，さまざまな教育問題の温床ともなったこの「偏差値」競争的教育体制を「産業社会の成功因」と見なしているわけだが，その判断に誤りはないのであろうか。

ILO（国際労働機構）発行の資料 "Workplace Health and Safety Inf" の中の "KAROSHI: DEATH FROM OVERWORK" は，日本の顕著な経済発展の要因として長時間労働をあげている。表題中の "KAROSHI" は，過労死のことであるが，冒頭では，それが国際的に通用する言葉となっていると述べられている。

　一部の研究者も指摘していることだが（たとえば，森嶋通夫『なぜ日本は没落するか』岩波書店，1999年），先述の学校体制によって養われたいわゆる受験学力が高度な経済発展をもたらしたとは考え難い。そのことからしても，ILO の見方の方が，より客観的であるように思われる。それを裏づける傍証を次に掲げよう。

　過労死問題に取り組んでいる弁護士の会が編集著作した『激増する過労自殺――彼らはなぜ死んだか』（ストレス疾患労災研究会過労死弁護団全国連絡会議編著，2000年）は，日本の労働状況について次のように述べている。「第二次世界大戦で敗れ，食うや食わずの飢餓状態から経済的復興を遂げて，半世紀余の資本主義社会を発展させたわが国は，世界第二の『経済大国』に発展しました。が，経済的利益追求を至上価値とする企業の論理が全社会を支配している『企業中心社会』であり，この社会を支えている労働者は，人間としての生活を犠牲にして，生理的限界を越えた『過重な労働』に従事しています。『過重な労働』は単に長時間労働だけではなく，『いじめ』や『差別』や『嫌がらせ』『リストラ』など，人間の尊厳を著しく傷つける『苦役』というべきものです。その結果，わが日本社会には，この『過重な労働』による『過労』が原因で人間の生態リズムが崩壊し，生命維持機能が破綻をきたした極限状態である『過労死』が，社会法則的に大量に発生しているのです。」（1, 2ページ）

　先の「見解」が修正を要することは，もはや明らかであろう。それにしても，「偏差値」競争的教育体制は，上記の「企業の論理」によって支配された日本の社会情況を彷彿とさせる。何故だろうか。それは，学校教育が経済政策の一環に組み込まれた前史があるからだ。

昭和30年代初頭には，最優先課題である経済発展を支えるための学校教育体制への改変がすすめられていた（昭和33年指導要領にて具現される）。そして，1963（昭和38）年の経済審議会答申「経済発展における人的能力開発の課題と対策」の中で提起された事項の多くが，1966（昭和41）年の中教審答申「後期中等教育の拡充整備について」へ引き継がれるにおよび，「偏差値」競争的教育体制が確立する。以後，経済と教育の癒着関係は続いているが，旧経団連が1993（平成5）年，1995（平成8）年に行った提言の内容が1998（平成10）年の要領改訂趣旨とほぼ一致することから，その関係は一層密接になっていると思われる。

　日本の国情を考えたとき，学校教育が人材養成の役割を担うのは当然だとする見方が一方にある。しかしながら，教育問題が拡大深刻化の一途をたどり，学校教育そのものの地盤沈下が否定し難いものとなっている今，経済と教育の関係のあり方について根底から見直すべき時がきていることは疑いあるまい。

　次に，平成10年指導要領の骨子となっている「生きる力」の育成に関する問題に目を向けてみたい。「生きる力」の中核とされているのは「自ら学び自ら考える力」である。それを育成するための方法として，子どもが授業の主役となる問題解決学習の導入がはかられた。問題解決学習は本来，子どもによる主体的な知識形成をできるかぎり保障しようとする方法である。ところが，指導要領は，一方で「基礎・基本」の確実な定着を求めている。これは明らかな矛盾である。「基礎・基本」の主要な中身は，公式や定理，原理，法則，あるいは定義など抽象的な完成された知識にほかならない。それが授業の到達目標（＝答）とされるのであれば，知識の創造に全力を傾けている子どもたちには，桎梏にも等しいからである。

　実をいえば，この矛盾は平成元年指導要領においてすでに存在していた。「新学力観」を具現するための有力な方法として問題解決学習の導入がはかられたが，その一方ではやはり「基礎・基本」の指導の徹底が唱えられていた。その背景をなしていたのは次のような考え方である。「豊かで，多様な個性は

『基礎・基本』の土台の上に初めて築き上げられるものであることを認識する必要がある。」（臨時教育審議会第4次答申，1987年）

　この考え方は今日もなお維持され，平成10年指導要領に反映されているが，ここで述べられている「基礎・基本」は一般的な意味での基礎，基本であると考えられる。その場合の基礎，基本は，普通，蓄積された（蓄積されるべき）具体的な経験や知識の集合をいう。指導要領に述べられている「基礎・基本」は，科学的知識の幹に相当し，特殊に対する一般の位置にある。その意味では基礎，基本であるということができるが，それは自己完結的な「抽象」である。してみると，上記の2種類の「基礎・基本」は，それぞれに固有の呼称がないために，同一視されてきたものと解釈することができるのである。

　かくして，先の「矛盾」が矛盾として自覚されなかったのは，問題解決学習の成立条件および「基礎・基本」の性格特質の問題が視野に入っていなかったためであろう。

　なお，第2章にて詳説するが，基礎，基本は知識のみについて語られるべきではなく，子どもに即して，子どもの発展を支えるものという相対的な視点で語られるべきである。そうしなければ子どもたちは，自分とは無縁の知識を学習動機が希薄なまま，成長感を得られないままに学習しなければならなくなるだろう。否，ここ数十年来，まさにその状態が続いていたのではないか。

　さて，相容れるはずのない問題解決学習の奨励と「基礎・基本」の指導の徹底が並立されていたのでは，互いに妨げ合うのが必定であろう。しかし，教科書は「基礎・基本」を内容として構成されているので，問題解決学習はほとんどといっていいほど普及しなかったのが実情ではないだろうか。よって，「新学力観」の導入は功を奏しえなかったと結論づけられるように思う。

　そのことを裏づける事実がある。「新学力観」にもとづく指導状況を明らかにするため，文部省は1997（平成9）年，小，中学生を対象に「新学力テスト」を実施している。その結果のまとめによれば，思考力や表現力を問う問題は正答率が低く，記述式では無回答も目立ったという。

加えていえば,「新学力」の定義は「子どもたちが心豊かに,主体的,創造的に生きていくことのできる資質や能力」とされていたが,ここ十余年,教育問題は拡大と深刻化の一途をたどっている。平成元年指導要領が無力であったことを如実に,端的に物語っているのではあるまいか。

　あらためていうが,平成10年指導要領は平成元年要領の基本方針を踏襲しているとみることができる。「生きる力」の定義が「新学力」のそれと酷似していることからも,そのことが確認できよう。だとすれば,平成10年指導要領は前要領と同じ運命をたどる可能性が高い。教育改革を謳いながら,実際には何も変わらない。そんな歴史が今また繰り返されようとしているのである。その最大の原因は,旧教育の問題点の徹底解明がなしえていなかったことにあると思われる。そこで,第1章では,その解明に取り組む。なお,批判的検討の対象とするのは,旧教育の特性を最もよく反映していると思われる「基礎・基本」の性格特質とその背後にあり,それを規定している学力論,指導論である。

第1部　現状分析および理論的検討

第1章　「基礎・基本」の検討

　昭和33年の指導要領の改訂で，教育原理は経験主義から系統主義へと改められた。実質上それは，経済発展を目途する政策に沿うよう，学校教育の質的転換をはかるための措置であった。つまり，産業活動の人材養成の役割を担う学校教育の原理としては，科学知識の系統に従って配列した教育内容の教授を第一義とする系統主義こそがふさわしいとされたのである。周知のように明治5年に発布された学制も，これと目的を同じくしていた。すなわち，近代学校制度である学制は明治政府の殖産興業・富国強兵政策の一翼を担うべく頒布された。西欧の近代工業を移植して増産をはかり，列強にひけをとらぬほどの国力を培うには，人材の養成が不可欠だったのである。そのために，教育内容として科学知識が取り入れられた。

　ここで注目しておきたいのは，明治政府が欧米の文明を模範としたことにより，その背景にあった近代合理主義をも摂取し，影響を強く受けることになったという点である。17世紀に体系化された近代合理主義は，自然科学を大きく発展させ，18世紀に入ると，産業技術の発達に多大な貢献をした。しかし同時に，それは自然のみならず，人間社会をも対象とするようになった。社会もまた科学的，合理的に形づくるべきだと考えられたのである。近代合理主義が経済的な豊かさをもたらしたことは事実だが，裏面で人間疎外情況を招来したのはそのことと深い関係がある。

　思想界では，近代合理主義のゆきづまりと弊害が問題化されてすでに久しい。だが，昭和33年以降の指導要領は，現指導要領を含め，明治期同様に，依然として近代合理主義に依拠しているといわざるをえない。それでもなお，平成元年の改訂で学力観も指導原理も一変したではないかという反論が返ってくるか

もしれない。しかし，科学知識を主たる内容とする「基礎・基本」の内面化を至上の課題としている以上，近代合理主義への依存状態は続いていると判断するのが妥当であろう。

なおいえば，権力の維持を目論んでいた明治政府は国民精神の欧化（特に民主化）を恐れ，「和魂」の養成に努めた。そして，その教育政策は天皇制国家主義の構築に結びついた。昭和33年以降の指導要領もまた「和魂」の養成に執着している。しかし，民主化，自由主義化がすすんだ今日の日本で，そのような戦前への回帰指向が強い抵抗を受けぬはずもなく，また容易に受け入れられるはずもない。だが，皮肉なことに，人々は近代合理主義の浸透に対しては，案外無抵抗であった。それは，今日に至ってもなお，人々の心に西欧文明への憧れがあるためであろうか。いずれにせよ，私たちは近代合理主義の恩恵に預かるとともに，それによってもたらされた価値観，価値基準を受容し，指標として日々の生活を送っている。そして，私たちが拠って立っている足場を根底から自己否定的に見直そうとする人々はあくまで少数なのである。

拡大と深刻化の一途をたどっている教育問題は，近代合理主義と決して無縁ではない。科学知識を与えさえすれば，科学的な思考力，認識力が養われるはずだとして，"詰め込み教育"に走らせた一面的，一方向的な従来の学力観もまた同様である。そして，「偏差値」教育も……。

1 「基礎・基本」とは何か

「基礎・基本」という呼称で通用している「基礎的・基本的な内容」の実質は，科学的知識，技能，そして，いわゆる3R's（読み，書き，計算）である。ただし，平成元年の改訂で導入された「新学力観」においては，知識，技能を中心にとらえる従来の考え方を修正し，「関心・意欲・態度」，「思考・判断」，「技能・表現」，「知識・理解」などの資質や能力がその中核になるとしていた（小学校教育課程一般指導資料「新しい学力観に立つ教育課程の創造と展開」1993年）。

しかし，修飾語として用いるのならばともかく，本来教育内容である「基礎・基本」に「資質や能力」を含めることには，やはり無理があるように思われる。そこで，混乱を避ける意味からも，ここで検討の対象とするのは，教育内容としての「基礎・基本」であるということをお断りしておきたい。また，煩雑化を防ぐために「基礎・基本」の中核である"知識"をその代表とする。

さて，「基礎・基本」の背後にある学力観は，知識を子どもに与えること＝学力形成という飛躍を犯しているゆえに，多分に形式主義的である。そのために，学習と暗記との間に一線を画すことができず，"つめ込み教育"への流路を開く結果となっている。そうした安易な学力観が長年支持されてきたのは，科学的知識を過剰信頼し，万能視する傾向が依然として根強いことを物語っているといえよう。

知識には負の働きもある。知識は時として認識や思考を制限し，創造力を抑圧し，先入観や偏見を生むことがある。それは知識の宿命ともいえるが，「基礎・基本」ではその負の働きが促進され，増幅される可能性が大きいばかりか，事実誤認をきたすおそれさえもある。なぜなら，「基礎・基本」は先の学力観を前提として選定された抽象度の高い知識であるとともに，教育的配慮により調整された，あるいは価値付与された特殊な知識であるからだ。本節ではまず前者の問題について述べ，後者の問題については以下の節で述べたい。

知識は変動し続けている。特に自然科学系の知識は目まぐるしいほどの速度で更新されている。とはいうものの，動いている不安定な知識をそのまま教科書に掲載するわけにはいかない，と考えられてきた。子どもを惑わせないようにという配慮からである。そのため，安定度の高い科学（学問）体系の根幹をなす知識（原理，法則，定理，公式，定義など）を選出し，それが確定した不動の知識であるという保証を行った。こうした手続きを経て再構成された知識は，基礎性が高いので大きな応用力の発揮につながるものと期待され，基礎的で安定しているので理解に支障をきたすこともあるまいと考えられてきたのである。なお，上の「応用力」とは，一般（抽象）から特殊（具体）へと向かう

演繹的な思考力や認識力を指す。

以上の論理がもしどこまでも妥当だとすれば，系統主義の「基礎・基本」教育は，基礎学力を養成するうえできわめて合理的，効率的な学習指導原理だということになるだろう。しかし，現実にはその反面で次のような問題を孕むことになったのである。

① 「基礎・基本」の中身は抽象度の高い知識であるゆえに，基礎・基本という言葉が私たちに与える印象に反して，理解が難しいということ。（子どもの理解力に対する評価を誤るおそれがある。）

② ①より，「基礎・基本」は表面的な浅い理解に止まるか，記憶の域を出ない可能性が大きい。また，そのために先入観や決めつけた見方の原因となるおそれが大きい。

③ 知識体系の基礎をなす部分（＝「基礎・基本」）と学力形成の基礎として働くものを同一視する過誤を犯しているために，学習された知識が学力形成上の土台となりえない場合がある。

①については説明を加えるまでもないだろう。②③については順に補足説明を行う。

抽象度の高い知識は浅い理解に止まる可能性が大きいが，系統主義にもとづく学習指導では教師主導型が主体となり，子どもは受け身の立場に置かれることが多いので，その可能性が一層大きくなる。そして，権威者である教師が与える知識は，子どもの能力と有機的に結合するよりもむしろ，それを支配することになりやすい。次に実際例を引くことにしよう。なお，これは子どもの主体的な知識形成を重視する発見学習（1950年代後半から70年代にかけて先進諸国を中心に広がりを見せた教育の現代化運動において創案された）の研究の一環として行われた実験的な授業であるが，発見の目標となっていた知識を確実に習得させるべく，授業の終末で教師が要点の解説と知識教授を行っている。つまり，実質的には系統的指導が行われている。また，発見学習は知識の「構造」と呼ばれる基本的概念（「基礎・基本」に相当）が，応用力の源になるは

ずだという仮説にもとづいて理論化された学習方法である。そうしたことから，ここで引用するにふさわしいと考えた。

　発見学習研究のリーダー的存在であった水越敏行の著書『発見学習の研究』（明治図書，1975年）に次のような研究授業の報告が載せられている。それは小5理科，単元「種子の発芽」で実践された統制的実験と観察にもとづく発見学習の授業である。発見させるべき主な知識内容は，種子の発芽に空気が必要だということと，発芽の際に酸素を取り入れて二酸化炭素を出しているということ（呼吸の定義）の二点である。

　発芽に空気が必要かどうかを調べるための実験の観察を定期的に行わせた後，本時では主に考察と討論を行わせた。しかし，発芽の際に酸素を取り入れ二酸化炭素を出しているという知識内容については，発見できず，最後のまとめで教師が「豆も二酸化炭素をだし人の息も二酸化炭素を出す，呼吸とよくにてきたなあ。だが吸うとるものは何かわからない。酸素をとるか，窒素をとるか，空気全部なのか，この問題は解決できなかったが，豆も人も二酸化炭素をだすことはわかったね。」と述べている。

　「出題者を驚かすような事実」が生じたのは，授業から1カ月後に実施した追跡テストにおいてである。「次のうちで，呼吸しているものに，○印をつけなさい。」という問題で「ローソクの火」に○印をつけた者が25人（69％）いたのである。そう判断した理由は，主として「酸素をとりいれて，二酸化炭素を出しているから」であった。

　さて，上の「結果」は次のことを示唆しているように思う。それは，特定の知識の内面化を目的として所定の学習過程を経るよう条件統制した場合，そこで成立する学習は知識の注入と何ら変わらないということである。事実この授業では，獲得すべき知識とすでに子どもたちが保持している知識や経験を対決させる時間は設定されていなかった。そのために，子どもたちが知識を絶対視し，鵜呑みにしてしまう可能性が高かったと考えられる。与えられた知識を絶対視していたとすれば，その知識によって思考や判断が支配されてしまうのは

当然であろう。

　仮説実験授業の提唱者として知られる板倉聖宣は，次のような興味深い話を紹介している。中学生や母親や先生たちに「雨粒が地上にふってくるときの速さは，大粒の雨のときときりさめとではどちらが速いと思いますか」という質問をすると，一番多い答は「どちらもほとんど同じ速さ」というものだ。しかし，正解は「大粒の雨の方が速い」であり，それは経験知として誰もが知っているはずのことなのである。にもかかわらず，前者が正しいと考えるのは，中学の理科や高校の物理で教わった「真空中ではどんなものでも同じ速さ（より正確にはおなじ加速度）でおちる」という「理屈のほうをむりやり優先させてしまう」からだと（板倉聖宣『科学の学び方・教え方』太郎次郎社，1975年，18ページ）。

　次に，③について補足説明をしたい。知識体系の基礎性と学力形成上の基礎性を同一視してしまう過誤は，英語教育に典型的な形で反映されている。すなわち，英語教育は旧来「文法」を重視してきた。それは「文法」を，英語習得上の基礎として位置づけているからにほかなるまい。しかし，考えてみれば，文法は言語の諸要素の中で最も抽象度が高く，知識系の上位に位置するはずだ。一方，言語能力は具体的な言語活動（経験）の蓄積を基盤として発達してゆく。よって，英語教育の初期段階において「文法」学習を重視するのは，はなはだ見当違いなのである。

　かのJ・デューイはこう述べている。「書物や地図は個人的経験の代用物には少しもならない。書物や地図は実際の旅行にかわることはできない。落下する物体にかんする数学の公式は，石をなげたり，木からリンゴをふりおとしたりすることのかわりにはならない」（『明日の学校教育』杉浦宏・田浦武雄・三浦典郎他訳，明治図書，1978年，58ページ）。確かに，事前に泳ぎ方の解説書を読んだとしても，実際に泳ぐことなどできない。

　「文法」学習に多くの時間を費やしながら，実用能力の育成にさしたる成果を上げることのできなかった不毛なる英語教育の背後には，以上のような事情

が介在していたと思われる。

2 「基礎・基本」はどのようにして作られたか

　「基礎・基本」の母体である科学的知識は，教育内容としては難解に過ぎる。そこで，科学的知識を平易かつ簡明に作り替えるための操作が必要となる。それが焦点化，モデル化と標準化，模範化である。前の二者と後の二者は，それぞれ近似した操作なので併記した。

焦点化，モデル化

　まず焦点化について説明しよう。

　教科書において，呼吸の定義は，普通「酸素を取り入れて，二酸化炭素を出す」というように表記されている。これは，呼吸の機能をわかりやすくするために，正確さを犠牲にして焦点化し，表現したものにほかならない。実をいえば，ヒトの吐く息に含まれている二酸化炭素は約3％にすぎない。因に，窒素が約80％，酸素が約17％である。また，植物は「光合成によって酸素を出す」というように表記されているのが普通だが，実際には，例えば水草の場合，光合成によって排出される気体の約70％が窒素であり，残りの約30％が酸素である。

　これらの例のように，焦点化された知識は，当然ながら厳密さに欠けたものとなる。もっといえば，誤った知識だということになる。知識を子どもの理解能力に見合ったものに作り替えるための焦点化が，やむをえざる操作だとしても，その知識を得ることによって，かえって事実誤認につながるおそれが出てきてしまうのである。たとえば，水に溺れて呼吸停止の状態に陥っている人に対して，口移しで息を吹き込む人工呼吸の方法は，呼吸の定義に従えば成立しないことになってしまう。

　では，そうした弊害の防止策は一体どのように講じられてきたのであろうか。

意外なことに（驚くべきことに），何らの対策も講じられてこなかったのである。
　知識の焦点化は一種の必要悪である。焦点化された知識を到達目標として学習した場合，その知識は文字どおり悪い方へと働いてしまう心配がある。そうした弊害を防ぐには，知識を「答」としてではなく，問題解決の手段として学習活動の中に位置づける必要がある。生活の中で生きて働く知識の形成をめざすならば，さらに経験知との対決が必要となる。
　焦点化は，知識が成立するための複雑な条件を隠蔽するという方法で行われる場合もある。絶対的な知識の存在を明かすために「1＋1＝2」を例示する人がいる。しかし，最も基本的な演算である足し算にも焦点化の操作が施されており，この式もまた相対的である。小学1年の算数教科書の挿絵を見ると，その操作の意図を推測することができる。挿絵は足し算の意味とやり方を理解するうえで補助的な役割を果たすわけだが，それは次の三つの条件を満たすように描画されている。すなわち，足し合わせる対象は同一種，同一形，同一大という3条件を満たすように描かれているのである。これらは，知識理解の際，横道にそれたり，迷ったりすることのないように設定された条件なので，そうした問題発生の可能性が低い場合はやや緩やかな条件設定となる。いずれにしても，プラス記号の左側にリンゴが，右側に犬の絵が描かれているというようなことはない。それでは通常の意味での足し算が成立しなくなるし，子どもたちを混乱させてしまうからである。してみると，足し算は複数の条件によって守られた，特別待遇の演算であることがわかる。そして，確かに子どもたちは足し算の意味をスムーズに理解することになるし，半ば機械的に数字の操作を行い，答を導くことができるようになるのである。しかし，それは裏を返せば，過保護状態で足し算を学習しているということでもある。そのことから，何らかの問題が生じる可能性はないのであろうか。
　中学年以降はさまざまな単位が登場してくる。そして，四則の立式計算は数字についている単位の種類を勘案し，相対化したうえで行わねばならなくなる。

ところが，その単位の種類の違いに無頓着で，数字だけに注目して立式し，計算する子どもが少なからずいる。また，高学年では1個の1/2と，1mの1/2の違いがわからない子ども，つまり，「個」と「m」という単位の本質的な差異が識別できず，つまずく子どもが少なからずいる。そうした子どもたちに誤りを自覚させ，しかも正しい理解に導くには，相当の時間を要する。こうした問題の発生原因として，先に述べた3条件によって保護された状態で学習を行っているという事実は看過するわけにはゆくまい。

迷いや混乱を防ぐための教育的配慮による焦点化は，結局のところ大きな禍根を残すことになっているのである。だが，より大きな問題点は，迷いや混乱を引き起こすことなく，しかも速やかな知識理解が実現するよう合理化，効率化をはかるという考え方そのものにあるといえそうだ。適度の迷いや混乱は，その後の発展的な学習問題の成立に不可欠のものとして，むしろ重要視すべきであろう。

次に，モデル化について述べよう。モデル化とは，実体をありのままにとらえることが困難か，不可能な物や事柄を便宜的に有形化したり，理想化したりしてわかりやすく表現しなおすことをいう。代表例としては分子や原子の構造図が上げられる。分子や原子をイメージ化した構造図は実物を彷彿させ，その理解を大いに手助けしてくれる。ただし，次のような問題点もある。子どもたちは本来不可視である対象の構造図を真に受けるほかはなく，それに対して疑問を抱くことは余りないようだ。したがって，より深く発展的な理解をはかるための糸口が得難いのではないだろうか。

社会科では，モデル化によってより大きな問題が派生していると思われる。あるいはそれは，モデル化の例に含めるべきではないかもしれないが，類する問題であり，重大な問題でもあるので，ここで取り上げることにする。

社会科教科書に記述されている社会的，歴史的情況は，さまざまな「事実」や「事情」が交錯する複雑きわまりない事柄や経緯のいわば要約にすぎない。また，そこでは客観性を確保すべく一般的概念を用いて論述がなされているが，

そのことは結果的に一つ一つの事柄の「個性」を捨象し，類型化してしまっている。たとえば，中学校教科書には，「紀元前4世紀ごろ大陸から稲作が伝えられた」というように記されているが，当時の「稲作」と現代の「稲作」が同一のものであるはずはない。つまり，教科書に記述されている「事柄」や「経緯」は厳密にいえば，「実際に在ること，在ったこと」ではなく，ある視点から再構成された社会像，時代像，人物像すなわちモデル（＝「抽象」）にほかならないのである。「公民」分野の内容が余りに整然としていて，読んでも実感がわかないとすれば，そのことが原因しているものと考えられる。「地理」分野についても同様のことがいえる。「歴史」分野の内容を読んでも，今とは完全に切り離された縁遠い世界のことに感じられ，身に迫ってこないとすれば，やはり上記のことが原因しているであろう。

　こうした問題に加え，次のような問題点もある。「基礎・基本」を到達点（授業では「答」）としている系統的指導の場合，教科書学習により事実認識にずれを生じたり，「抽象」を媒介とした表面的な理解に止まっているにもかかわらず，「わかった」つもりになったりするおそれがある。教科書が資料や参考書と同列のものとして扱われ，相対化がはかられていれば，その可能性は相当に減少する。なお，「相対化」は教科書の重圧から解放されることを意味し，社会科学習がおもしろくなる前提条件の一つでもある。つまり，先述した問題を乗り越えるうえでの条件ともなりうる。

　では，権威ある教科書の「相対化」はどのような場合に実現しうるであろうか。有力な契機の一つとして，教科書の内容そのものに疑問を抱くということが上げられる。社会科教科書は，術語や定義など抽象度の高い言葉，文言が随所に用いられている。小学校の「歴史」分野から一例を引こう。私たちにとって耳慣れた言葉である「天下統一」は，子どもたちには抽象的でわかりにくいにちがいない。たとえ「全国の統一」と言い換えたとしても，「全国」は，現代語の「全国」と同じなのか，「統一」とは何がどうなることなのかという疑問がどうしても残ってしまうだろう。その疑問を解くために，子どもたちは資

料集や参考書を活用することになるかもしれない。その際，教科書は資料集や参考書と照合され，比較される。その時点で教科書は，もはや絶対的な存在ではなくなる。また，「公民」，「地理」分野では叙述内容と現実との乖離に気づく子がきっといるだろう。その場合も教科書の「相対化」が実現する。しかし，そうした「疑問」は表明されずに終わってしまうことも多い。権威ある教科書に抵抗するには，勇気を要するからだ。したがって，ささやかな「疑問」を心置きなく表現できるような情況づくりが重要な課題となる。

次のような場合にも「相対化」が実現しうる。それは，資料（史料）や新聞の講読を通して，あるいは現地見学や調査活動を通して学習問題が成立した時である。このような場合，教科書は問題解決の手がかりの一つにすぎなくなる。

「歴史」分野について補足しておこう。「歴史」の記述内容が身近に感じられないとしても不思議ではない。隔絶した時間がそのまま心理的な距離に転じてしまうからだ。歴史上の人物が身近な人物に変わるようなきっかけ作りをしたい。それには，すでに教科書にも導入されている方法だが，補助資料として古文を活用することがとりわけ有効である。そのメリットは，いうまでもなく感情移入が可能となる点にある。時代に生きた人々と喜怒哀楽をともにできるならば，「歴史」は"今の出来事"として躍動するのである。

標準化，模範化

公教育が，学校体制，教育内容など全般にわたって統一性を確保することは，その社会的責務からして当然だとする見方がある。その一方で，学校と教師の独自性と主体性は最大限に保障されるべきだとする考え方もある。そのような観点でみると，昭和22年，26年学習指導要領（試案）にもとづく教育の期間を除いて，公教育の統一性は統制的意味合いが過度なまでに強かったのではなかろうか。

さて，教育内容（「基礎・基本」）における統一性の確保は，標準的であることを保証するという形で行われてきた。代表例としては，標準語と漢字の筆順

が上げられる。文部省（当時）は、明治37年から使用する国定国語教科書の文体について「文章ハ口語ヲ多クシ用語ハ主トシテ東京ノ中流社会ニ行ハルルモノヲ取ツテ、国語ノ標準ヲ知ラシメ其統一ヲ図ルコトニ努メル（以下略）」（『国定教科書編纂趣意書集成』1933年）（山住正巳『教科書』岩波新書、1970年、66ページ）というように規定した。また、漢字の筆順についても『筆順指導の手引き』(1958年)を作成し、その標準化を行っている。その背景には、漢字の筆順が本来一定しているわけではなく、漢字によっては数法もあるという事情があった。

　標準化の例としては他にも、日本史の時代区分の特定化、分数の「数」への同列化（分数を「数」と見なすかどうかについては異論がある）、文部省唱歌などがあげられるが、その趣旨からすると、標準化は教育内容の全体にわたっているものと思われる。また、後述するが、広義に解釈するなら標準化は生活指導、道徳教育にも及んでいるとみることができる。つまり、教育課程のすべてが標準化されているといっても過言ではない。

　ところで、標準化はどのような基準、どのような過程を経て行われているのであろうか。それらの点を明らかにするための手がかりを、教科書検定に求めることにしよう。

　文部省（当時）発行の『教科書制度の概要』(1999年3月)には、教科書検定の必要性について「小・中・高等学校の学校教育においては、国民の教育を受ける権利を実質的に保障するため、全国的な教育水準の維持向上、教育の機会均等の保障、適正な教育内容の維持、教育の中立性の確保などが要請されています。」(4ページ)と記されている。これを受けて文部省は「教科書の内容が客観的で公正なものとなり、かつ、適切な教育的配慮がなされたものとなるよう、教科用図書検定基準に基づき、教科用図書検定調査審議会の議を経て、教科書の検定を行っています。」(前掲書、6ページ)ということだ。

　さて、標準化の基準に相当すると思われる「客観的で公正なもの」は、いうまでもなく相対的な概念であり、絶対的なものとして規定できるわけではない。

そのことは標準語，漢字の筆順の場合に照らしてみても明らかである。ところが，標準化された教育内容は，教科書に記載されることによって，また，授業の中で「答」として扱われることによって，あるいは，入学試験の出題内容とされることによって権威を付与され，実質的には半ば絶対的な存在と化すことになる。言い換えれば，便宜的に標準化されたにすぎなかった教育内容は，"模範的なるもの"として実用され，通用することになっているのである。次に，標準化，模範化によって派生する問題点について述べる。

「標準」は「模範」へと転化し，ひいては「正統的なもの」，「中心的なもの」として価値づけられることがある。その典型例は標準語（共通語）で，地方言葉（方言）に対してより正統的で中心的であるという社会通念さえ醸成するに及んでいる。これは地方文化の蔑視にもつながる見過ごせない問題だが，小学校指導要領には「共通語と方言の違いを理解し，また，必要に応じて共通語で話すこと。」(14ページ)とあり，共通語を使うべき場合のあることを示唆している。だが，果たしてそのような「場合」が実在するだろうか。さらにいえば，こうした条件をつけていること自体，標準語と方言を差別していることの現れではないのだろうか。

標準化，模範化による弊害は特に英語教育において甚だしい。旧来，英語教育の主眼は，5文型を原点とする「基本文型」，および「It…to～．」構文，「so…that～．」構文などの「基本構文」の習得をはかることにおかれている。それは，両者が豊かで確かな応用力を保障するものと考えられているからであろう。すなわち，「基本文型」，「基本構文」は英語表現の「標準」，「模範」として位置づけられており，その表現形式を身につけさせておけば，後は状況に応じていろいろな語句を所定の箇所に当てはめたり，補ったりするだけで済むので，適切な表現がスムーズにできるようになるはずだという学力観が背後に存在しているからであろう。実際，授業やペーパー・テストでは，「基本文型」，「基本構文」が「文法」と一体化していることもあって，正誤の基準判定が厳密であり，細部に至るまで指導，チェックの対象とされるのが常である。要す

るに，例示されている範例文と寸分違わぬことが求められてきたのである。（微に入り細に入り試問しようとする入学試験問題が，こうした「形」への束縛を決定的にしたことは周知の事実である。）そのために，たとえば，日常生活の中で英語を話す機会が訪れたときにも，"正しい表現"のことがどうしても気になり，自らを追いつめ，誤ることをおびえ，心が閉じてしまい，頭が働かなくなってしまいがちなのである。

応用力とは臨機応変の対応を可能にする創造力にほかなるまい。言い換えれば，それは既製の「型」や「形」を破る力であろう。ところが，「標準」，「模範」として内面化された「基本文型」や「基本構文」は，そうした力の働きを強く拘束してしまうのである。英語教育に多大な時間と労力を費やしているにもかかわらず，実を結ぶことなく，かえってマイナスの影響を及ぼしているのは，先に述べた形式主義的学力観に因るところが大きいと思われる。

生活指導における模範化

近年，「良い子」，「優等生」といった言葉が，しばしば否定的な意味で用いられるようになってきた。「優等生」の息切れ型登校拒否の出現や元「優等生」による凶悪な殺傷事件の勃発は，それらの言葉の否定的イメージを一層強くさせた。「良い子，優等生」像の凋落は，模範的な子ども像，あるべき姿を示したうえで，子どもたちにそのままを演じるように求め，態度形成，人間形成をはかってきた旧来の生活指導のあり方の問い直しを迫らずにはいない。いわゆる"型はめ教育"に対する批判は，その先例であろう。

ところで，上述した教育観，指導観の源泉をたどるとすれば，儒教にもとづく仁義忠孝の道徳観に行き着くことになるだろう。儒教主義道徳は明治5年の学制において修身教育として取り入れられ，明治13年には修身科として独立した。そして，明治23年の教育勅語の発布によって確然とした拠り所を得ることになり，昭和20年に廃止されるまで教育の枢要の地位を占めるとともに，天皇制国家主義の護持に寄与した。もっとも，儒教が日本へ伝来したのは5世紀の

ことであり，以来日本人の精神生活に及ぼしてきた影響の大きさは計り知れない。

　先の「仁義」とは人の踏み行うべき道のことである。つまり，人の生き方，処世，生活態度の「模範」である。今日の生活指導観もまた，あるべき姿，望ましき子ども像を示し，その実践を促そうとする。よって，その指導観は儒教主義道徳の影響を強く受けているとみることができる。もっと踏み込んでいえば，それは，日本人の生活に浸透した儒教主義的道徳観が自ずと反映された指導観だということもできるように思う。もしそうだとすれば，儒教主義的道徳観は無自覚的に戦後教育へと踏襲されたことになる。ちなみに，従来の指導要領が，模範的な態度形成のための指導を教師に求めたことはない。にもかかわらず，それは昨今の生活指導，態度形成教育の主軸をなしている。

　ここで注意しておきたいのは，そうした経緯があるゆえに，また，明文化されなかったために，今日の「模範」励行主義とでもいうべき教育観（生活指導観）は，批判的検討の対象とされてこなかったということだ。ただし，皆無ではなかった。昭和41年11月に発表された中教審答申「後期中等教育の拡充整備について」に「別記」として併記された「期待される人間像」は，上記の教育観が表立ち，論議の的ともなった顕著な例である。その第1部では「当面する日本人の課題」について述べられており，第2部には「課題」に応える人間になるために身につけるべき「恒常的かつ普遍的な諸徳性と実践的な規範」が列挙されている。「期待される人間像」とは国民としての理想像にほかならないが，第4章では「正しい愛国心」を持つこと，天皇に「敬愛の念」を持つことが強調されており，戦後の民主化政策によって影を潜めていた既述の仁義忠孝の道徳観の復活であることをうかがわせる。なお，第2部であげられている徳目や価値（「思いやり」，「生命の根源に対する畏敬の念」等）は現要領の「道徳」に，天皇への「敬愛の念」については小学校「社会」で取り上げられている。

　さて，次に「良い子，優等生」教育の問題点について述べることにしよう。

改めていうが，長年来，ほとんど無自覚，無反省のままに行われてきた「模範的な態度養成」は，あるべき姿（子ども像）を指し示し，そこに向かわせようとする，もっといえば，それを演じさせようとする指導のあり方だといってよい。では，今日何をもって「模範的な態度」としているのであろうか。その代表例としては，教師（親）の指示を"素直に聞き入れる"こと，"協調性に富み"集団生活の"秩序を乱さない"ように行動すること，"学習意欲が旺盛"であるばかりでなく，学校生活のすべての面にわたって"積極的に取り組む"ことなどがあげられる。

 第一の例は，上の者（親，年長者，権威者）のいうことに対しては従順であるべきだとしている点で，儒教の「孝」および，「礼」に通じていると思われる。第二の例は「礼」に通じ，第三の例は「智」もしくは，「義」に通じていると思われる。ただし，それらを重視した教育的意図という視点でいえば，3つの例ともに学校の運営上，教師の指導上，都合のいい方向に子どもを適合させようという恣意的な発想がうかがえる。そして，それはまさに儒教政治理論そのものであるとも考えられる。

 こうしてみたとき，「模範的な態度養成」を目的とした指導は，自ずと管理主義的，画一的になる可能性の大きいことが容易に予測できる。学校教育が画一的で，管理主義に傾いているといわれるようになって久しいが，改善の兆しは一向にみえない。それは，上述したような事情が存在するからではないだろうか。

 ところで，「模範的な態度養成」の指導は，つまるところ価値注入，価値押し付けの教育と見なさざるをえないが，それゆえにその反動が生じるおそれも大きい。かつては，たいていどのクラスにも"優等生"然とした子がいて，教師からは特別な扱いを受け，クラスメイトからは格別の敬意を払われているという状況があったように思う。ところが近年そうした"優等生"は，むしろ仲間はずれの対象にされることもあるようだ。その背後に教師の影がちらついてみえるからであろうか。

「模範的な態度養成」をめざす指導では、それに沿うような行いをすれば子どもたちは褒められ、沿わないような行いをすれば咎められるのが常である。さらにいえば、「模範的な態度」を基準として、それに適合している子どもに対しては日頃から肯定的な見方をし、適合していないと思われる子どもに対しては日頃から否定的な見方をしている教師も一部にいるようだ。「模範的な態度養成」をめざす立場はもとより形式主義的な性格が強いために、子どもたちをごく表面的なところで評価しがちである。そのために決めつけた見方をすることにもなり、それがもとで子どもとの間に深い溝を生じることにもなる。そして、そうした日常的な負の教育関係がさまざまな教育問題の温床となっているものと思われる。

「模範的な態度養成」の指導はしばしば一方向的、かつ自己満足的に行われる。そのために教師の顔色をうかがう子ども、教師の目の届く所でのみ「模範生」を演じようとする子どもが育ってしまうおそれが多分にある。そればかりか、子どもたちがかかえている内なる問題は、押し隠され、潜伏し、屈折してゆく可能性が高い。このことと、いわゆる"普通の子"が突如として大事件を起こすという近年の傾向とは、決して無関係ではあるまい。

「模範的な態度養成」の指導において、子どもたちは往々にして受け身の立場におかれ、没主体的に態度形成を行ってゆくことになりがちである。そのため、自らの責任で何らかの問題を生じた時でも、主体者意識が薄く、傍観者的な態度をとるような子どもが育つ可能性も大きい。2000年に発生したバスジャック事件、そしてその後続発した少年によるいくつかの凶悪犯罪には、ある共通点が見出される。それは少年たちがかつての「優等生」であり、しかも自分の引き起こした事件に対する罪の意識が乏しいということである。極端な例ではあるが、上述したことの現れとみることはできないだろうか。また、他人に迷惑を及ぼすような行為をしても無自覚、無頓着といった風の子どもが増えているという声を時々耳にする。こうした傾向についても、同じことがいえるのではあるまいか。行動の指針が常に他人から与えられるという状況の中で育っ

た子どもたち，いわゆる"指示待ち"が常態化している子どもたちにとって，上の例のようなことはむしろ自然なのかもしれない。

「模範的な態度養成」は，つまるところ子どもの個性と主体性を等閑視した過保護，過干渉の指導以外の何ものでもない。だが，それを普遍妥当の指導方法だと信じて疑わない教師も少なからずいる。そうした教師の中にはまた，子どもと自らの関係を「未熟なる者と成熟した者」，あるいは「本道からそれやすい者と本道を逸することのない者」というように二元的，対置的にとらえていると思われる人がいる。しかしそれでは，自らを常に高みにおき，子どもを見下しているに等しく，望ましい教育関係が築けるはずもない。にもかかわらず，そのように構えてしまうのは，子どもを目の前にすると，「教師」という役割に徹しようとして裸の自分を隠してしまうためであろう。一見矛盾するようだが，「子どもの側に立って考える」，「子どもと同じ目の高さで見る」といった"教師の心構え"をよく口にするのは，むしろ上述したタイプの教師なのではないだろうか。あくまで役割に忠実であろうとする人々にとっては，それもまた「職務」のうちだからであろう。子どもの側に立って考え，子どもと同じ目の高さで見るためには，自らが拠り所にしている価値基準を対象化し，より高い視点から問い直す必要があると同時に，新たなる価値基準の創造を要する。ところが，与えられた職務に忠実であろうとすることは，創造的に考える努力の放棄につながっている場合が少なくないのである。

昭和22年，26年指導要領が「試案」として告示され，学校と教師の主体性，自由裁量を保障していたのに対し，昭和33年以降の指導要領は法的拘束力を有するものに変わった。それによって教師は，指導要領の内容を忠実に実行するよう強く求められることになったのである。因に，"確かな学力の向上のための2002アピール「学びのすすめ」は「特色ある学校づくり」を求めている。しかし，それは「学力の向上」という目標の実現方法の学校裁量を認めているのであり，その深意は学校間の競争意識，対抗意識を高めることによって，指導要領の内容をより忠実に実行させることにある。いずれにせよ，拘束性の強

い指導要領が教師の独創力を弱め，いわゆるサラリーマン化傾向を招き，「職務」の枠内に閉塞することを厭わない分際意識の強い教師を生み出したことは否めない。昨今の中学生や高校生は，服装はもとより言動や嗜好に至るまで同一化傾向がきわめて強いように見受けられる。また，仲間集団から突出することを極度に恐れているようにも思われる。権威や多数派に合わせることで心の安定を得ているとすれば，それは主体性，独創性を放棄し，自らを「権威」に委ね，当座の安定を得ようとする教師の指導に因るところが大きいのではないだろうか。

　教育基本法の改正を求める中教審の中間報告が出された。その骨子は「愛国心」教育の推進と「新時代の日本人像」の提示にある。こうした「報告」が出されるに至るまでの歴史的経緯についてはさておくが，もし「改正」が実現したとすれば，上述した旧来の価値注入的な「型はめ」教育が助長されることは明らかである。そして，教師の主体性，独創性がますます奪われ，狭められることも確かである。すでに指摘されているところではあるが，さまざまな教育問題の原因の徹底究明を行わずして「改正」を急ぐこと自体に大きな問題がある。とはいえ，「改正」推進派の中には教育問題を「改正」の口実に利用しようとしている者さえもいるようだ。彼らにとって教育は，政治活動の手段でしかないのであろう。

3　「基礎・基本」配列の論理──「系統性」の検討

　平成10年指導要領（平成15年12月一部改正）の「総則」には「系統的，発展的な指導ができるようにすること」とある。昭和33年の要領改訂以来，系統主義の指導原理が踏襲されているわけだが，「系統」という呼称の由来は教育内容が系統的に整理，配列されていることによる。「系統化」のプロセスは2通りあると考えられる。1つは，科学（学問）の系統に従って「系統化」する方法である。もう1つは，先の「発展的」ということと密接な関連があり，望まし

いと思われる学力の形成段階をあらかじめ設定し，指導内容をそれに適合するように構成していく方法である。両者は，いうまでもなく教育的視点から便宜的に講じられた方策にほかならない。しかし，系統主義の学習指導では，すでに述べたように，「内容」は到達目標として位置づけられるので，絶対性を帯びることになる。そのことから，とりわけ理科，社会科，算数・数学，英語において次のような問題点が生じている。

　まず第一の方法については，科学の各分野，各領域の区分枠を形式的に転用しているために，各教科・科目，各単元の枠が越え難いものとなっているという問題点がある。たとえば，ヒトの呼吸の働きに関して追究を深めていくと，体内で酸素は何のためにどう使われるのか（化学），化学反応によって生成された物質がどのようにしてエネルギーに変換されるのか（物理）という学習過程をたどる可能性があるが，現状では科目の枠が学習の阻害因となっている。

　また，教科間の枠については，「合科・総合」の考え方が一般化するにつれ，必要に応じてそれを越えようとする傾向が徐々に高まりつつあるが，単元間の枠は依然として大きな阻害因となっているように思われる。たとえば，「植物」は植物学，「動物」は動物学に拠っているため，植物と動物の差異性が強調され，共通性が軽視される傾向にある。そのため，植物の視点で動物をみる，動物の視点で植物をみることによる理解の深まりが期待できなくなっている。さらに大きな問題点がある。それは，単元相互の関連性自体を学習するための，いわば学際的な複合単元が存在しないに等しいために，「系統学習」の名に反して，事実上は系統的な知識理解が困難な状況にあるということだ。学力の働きという点でいえば，知識の使い分けがうまくできないといった難点が生じる。こうした問題点は，特に理科，算数・数学，英語において顕在化している。

　次に，第二の方法による系統化の問題点について述べる。これは「内容」を発展的に配列するための系統化であるが，系統主義においては必ずしも子どもを原点として行われていない。そのために，以下のような問題が生じている。

　算数で最も理解に困難を伴い，つまずきやすいものに分数がある。分数は小

数同様，整数の1を基準として系統化されており，初めて分数が登場する第4学年では，分数の意味と表し方の基本として単位分数（1をn等分した，分子が1の分数）が扱われ，第5学年では同分母分数の加・減法が，第6学年では異分母分数の加・減法，分数の乗・除法，および分割，操作としての分数（300ｇの1/2のように任意の数値が基準となる）が，それぞれ扱われることになっている。ここで注目したいのは，就学時前後には，「ケーキを4つに切る」といった日常経験を通してすでに知能化されているはずの，「分割，操作」としての分数が第6学年に先送りされている点である。そのような順序で系統化されているのは，「1」を共通の単位数とすることによって，整数，小数，分数の三者を一つの系列に統合するためであろう。なるほどそれは，発展的に指導するうえでも，確実な理解をはかるうえでも有効な方法であるように見受けられる。しかし現実には，4年生で，1/2と2/3の大小比較をさせると，「□＜□□□」というように図示し，もとになる大きさを統一する必要性がわかっていないと思われる子どもが少なからずいる。このつまずきは，第6学年において，分数の大小比較や加・減法で通分を行う意義が理解できないという，より重大なつまずきにつながってゆく可能性が高い。

　単位分数を基本とする考え方には盲点がある。すなわち，「1」を基準とする単位分数（1/2や1/3）の本質は，単位名称の付かない抽象としての「数」であり，基底となる「単位数」である。（ただし，単位分数の理解をはかる際には「ｍ」，「ｌ」などの普遍単位の付いた形で学習するようになっている。）ところが，すでに述べたように子どもたちは日常生活の中で「〜つ」，「〜個」など任意単位の付いた対象に適用する「分割，操作」としての分数を知能化しているだけでなく，低学年のうちに任意単位のついた整数の演算に関する学習を重ねてきている。つまり，第4学年の子どもたちの多くは具体経験と結びついた「数」によって思考し，認識する段階にあると考えられる。したがって，抽象度の高い単位分数について学習しても，その本質を理解することは困難で，表面的な理解に止まる可能性が高い。しかも，任意単位と普遍単位を混同して

いる子どもも依然として数多く潜在しており，具体物にもとづいて考える時に，「120ｇのリンゴ1個の1/2はどれだけになるだろう」といった解決困難な疑問に遭遇し，混乱をきたしてしまうこともある。以上のように，単位分数を分数学習の基礎概念として位置づける旧来の系統化の方法は，「1」という「数」の抽象性を看過しており，子どもの発達に即しているとはいい難い。

　次に，上記の問題点を改めるための方途について少しく提案しておきたい。まず基礎段階では，旧来の系統を逆転させ，子どもたちがすでに知能化している「分割，操作」としての分数の概念化をはかる必要があるだろう。その際には，任意単位と普遍単位が峻別できるようになるための学習と一体化させることが望ましい。なぜなら，それは「分割，操作」という経験からしだいに離脱していく抽象化の過程に相当するからである。以下に具体的な学習過程を順に記してみよう。

　①ある物の1/2と大きさが違う別の物の1/2の大きさ比較を行う。②同じ1/2でも大きさが異なることを確認させる。③2つの物をそれぞれ1/2に分割したとき，大きさが同じになるための条件を考えさせる。④「分割する物の大きさが同じであること」という必要条件を確認する。⑤「1個，2個……」，「1つ，2つ……」という呼称で物を数えると，その大きさが実物をみないかぎり識別できないことを確認する。⑥実物をみなくても物の大きさが識別できるような呼称を想起させる。⑦任意単位と普遍単位の違いを確認し，類型化をはかる。⑧普遍単位の付いた整数値は1/2に分割したとき，その大きさ（値）が計算で求められることを確認する。⑨1/2，1/3，1/4，1/5……の大きさ比較を行うときには，普遍単位のついた同一物の1の値が最もわかりやすい（分割後の別称が存在するため）ことを確認する。

　補足説明をしておこう。単位分数は整数の1を基底としているが，旧来の系統化にもとづく学習では上記の学習過程を経ることがないために，子どもたちはその前提の存在理由はもちろん，その存在すらも知らされていないに等しい。それは分数概念が真に理解できていないということでもある。ところが，旧来

の系統では単位分数を基盤として内容が構成されているので，結果的に分数の演算が整数概念によっても行える仕組みになっている。いい換えれば，分数概念が理解できていなくても，演算が行え，正解を導くことが可能なのである。たとえば，「1/5＋3/5」の場合，実際上は整数としての1と3を足せば，答を容易に導くことができる。通分の形式的な操作方法を習得すれば，異分母の加・減法についても同様のことがいえる。乗・除法についても同様である。ただ，答が分母，分子同数になったとき，その分数を1と置き換えることができるか否か，帯分数を仮分数に換算できるか否かを試すことによって，分数理解の深さを垣間みることができるのみである。

　算数教育に関しては，意味理解が疎かにされ，やり方学習に傾いているという批判がなされてきている。その主たる原因は，間違いなく目標（知識）に到達させようという教育的配慮が，結果的に安易な筋道での目標達成となってしまっていることにあるのではないだろうか。

4　教育による人間疎外

　これまで主として系統主義にもとづく教育の内容面に関する検討を行ってきたが，次に，その方法面に関する検討を行い，現状分析のまとめとしたい。
　系統主義の教育の特徴は，「基礎・基本」の系統的，発展的な指導によって合理的，効率的に基礎学力養成をはかろうとする点にある。だが，その反面で子どもの学習動機の軽視という大きな問題が派生している。すなわち，子どもたちは時として何のために勉強しなければならないのかという疑念に苛まれる可能性が高い。系統学習は，つまるところ"与えられる学習"だからである。教育する側には，大人の論理にもとづく"与える"理由があっても，"与えられる"側の子どもはその理由を同じレベルで共有できるわけではないのである。本来，学習する理由は子ども自らが創造すべきであろう。そうでなければ，学習の深化発展は望めない。また，学年がすすむにつれて高度化していく学習内

容に対応することもできないだろう。ところが，系統学習においては，学習する理由を創造したり獲得したりする機会（場）が保障されていない。学習理由の創造と知識創造（知識形成）は相即不離の関係にあるが，系統学習は既製の知識を子どもに受容させることを第一義としているからだ。

　学習すべき理由を子どもから問われた教師は返答に困り，「いつかきっと役立つ時がくるから……」という先送り（空約束）をしてその場を乗り切ろうとするかもしれない。しかし，切実感の乏しい「理由」に満足できなかった子どもは，次に，学習の理由ではなく，自分を納得させるための理由をみつけねばならない。それができた子どもは仮の拠り所を得，できなかった子どもは当分の間，虚ろな日々を過ごすことになる。いずれにせよ，"義務"として取り組む学習から如何ばかりの喜びと意味が見出せるであろう。

　動機が希薄であるにもかかわらず，学習を強いられるのであれば，それはもはや教育による人間疎外というほかはあるまい。その顕著な弊害は，"自己の空洞化"である。自分の意志で独自に行動することを嫌がり，多数派に同調することで安定を得ようする子どもが増えているという声をしばしば耳にする。こうした傾向こそが，その典型例であろう。そして，もう一つの顕著な弊害は，学習意欲の低下に原因する学力低下である。

　ここ数十年来，教育現場で行われてきた実践研究の重点は，方法面に置かれていたと思う。もっと有り体にいえば，知識を子どもに首尾よく与えるための方策の研究が，中心的に行われてきた。その事実は，子どもが学習主体者ではなく，知識教授の客体として位置づけられてきたことを如実に物語っている。旧来の教育，すなわち系統主義にもとづく教育の限界性，偏狭性，一面性はそのようなところにも反映されていたのである。

　かくして残された主な課題は，新たな基礎基本論の創出，および子どもが学習主体者となる授業の方法論の探究ということになった。

第2章　教育の論理としての問題解決学習

1　知識とは何か

　知識をどのようなものと考えるかによって教育のあり方は変わる。教育にかかわる要素は数限りなくあるが，知識のとらえ方が教育の根本原理を左右することは疑いない。二大潮流をなす系統学習と問題解決学習の相違も，そのとらえ方の違いによるところが大きい。教育の改革をはかろうとするとき，知識とは何かという問題の検討を欠くわけにはゆかないのである。

ある社会科の授業から

　次に掲げるのは，かつて私が参観した小学4年生の授業の終末部分をメモと記憶にもとづいて再現したものだが，知識とは何かという問題を明らかにするうえで好適な手がかりとなりえよう。
　　教師，最後の学習課題を提示する。

> 教師「長野県でとれたリンゴで県外へ出荷されるものは，どこの地方へ送られて行くでしょうか。予想してみて下さい。」
> 　　（子どもたち，予想した都道府県名をノートに記す。数分後。）
> 教師「それでは誰か，予想を発表してくれますか。」
> 　　（数名の子が挙手。教師，C男を指名する。）
> C男「僕は，東京と山梨県と神奈川県と新潟県じゃないかと思います。わけは，よく売れそうだし，長野県から近いからです。」
> 教師「ウーン，あなたの予想は外れてはいないんだけど，それらの所にたくさん出荷されているわけじゃないんですよ。実を言うと，長野県産のリンゴは

> 主にこの地図の赤く塗られている地方に出荷されています。」
> （教師，用意してあった地図を提示し，リンゴの主な出荷先が大阪を中心とした関西方面の府県であることを教示する。その後すぐ，子どもたちから「どうして関西方面なの……。」，「なぜあんなにいろんな所に出荷してるの……。」というつぶやきがもれるが，教師はそれらの疑問を取り上げることなく，子どもたちにリンゴの出荷先をノートに写すよう指示する。ほどなくチャイムが鳴る。）

　さて，ここで旧来の「基礎・基本」に相当するのは発問の答にあたる，地図上の赤く塗られているところ，すなわち，大阪を中心にした関西の府県である。というのも，それは第4学年の目標の一つとされている理解内容「地域の産業」の重要な一側面だからである。しかし，考えてみれば，それは地域の農家の人たちが，毎年苦慮する「リンゴをどこへどれだけ出荷すれば，より大きな利益が得られるか」という問題についてのある年の結論にほかならない。よって，それは情況しだいで変動する可能性がある。実は，このことは知識一般についてもいえる。もっとも変動させる主体者は，多くの場合科学者や専門家であるが。そして，この変動するということが知識の本来的な性格なのである。分野を問わず知識が目まぐるしいまでに変動している今日，それは誰しもの実感であろう。
　さて，知識が変動するということは，それが不確定であることを意味していると同時に，知識が問題そのものであることを意味しているのではあるまいか。だとすれば，あらゆる知識は真理探求のための問題解決途上にあり，これまで「知識」と呼ばれてきたものは仮の結論にすぎないことになる。
　以上のことを前提とするなら，知識を理解するには，その本体ともいうべき「問題」を共有することが不可欠となる。かくして，知識を正しく理解するには問題解決学習の過程を経るほかはなく，知識理解と問題解決学習は同義となる。
　なお，系統学習では，子どもたちによる問題解決の過程が大幅に省略され，

代わりに模範的な結論（「基礎・基本」）の内面化に多くの時間が費やされる。それは，科学者や専門家による問題解決の結論が知識だと考えられているからである。しかも，それは確定した絶対的な知識として位置づけられてきた（既述した「模範化，標準化」）。そのために，系統学習は知識の教え込みに陥る可能性が大きいばかりでなく，暗記と一線を画すことが難しいのである。

次に，先の授業の最後で「どうして関西方面なの……」等のささやき声が発せられた点に注目しよう。これは教師によって「答」が示されたすぐあとに出てきた疑問である。つまり，あることが「わかる」ことによって生じた疑問である。これは決して特異な現象ではなく，私たちもしばしば日常生活の中で同様の経験をしている。では，一体「理解」と「疑問」はどのような関係にあるのだろうか。

知識は通常何らかの体系（系）として存在している。一つ一つの知識は体系の要素をなし，バランスを保ちながら互いを支え合っているといってもよい。ある知識体系の一つの知識が改変されると均衡は破られ（問題の生起），体系としての新たな統一（解決）が必要となる。科学は多くの場合このような問題解決の過程を経て，進歩発展している。同様のことが個人の理解の過程においても起きている。知識や経験は個人の中で秩序あるまとまり，統一的な組織（系）として保持されている。理解とは，新たな知識や経験がその組織の中に組み込まれるということでもある。そのことによって統一（均衡）は破れ，再統一の必要が生じる。それが，「わかる」ことによって生まれる疑問にほかならない。そして，理解することによって，かえって新たな疑問が生じるという一見矛盾しているかに思える性質こそが，理解の本質の一側面なのである。

なお，先述の理解することによって統一が破られるという点は，重要な意義を含んでいる。それは，理解が自己否定を伴う（単なる記憶の場合，自己否定は伴わない）ということを意味しているからである。いうまでもなく，自己否定は自己変革の契機となる。よって，各教科の第一の目標とされている「見方，考え方」を養うには，それらがその子らしさの根底的なものであるゆえに，白

己否定を伴う理解（学習）を要するということができる（単なる記憶と一線を画すことのできない表面的，断片的な理解は「見方，考え方」の養成にはつながりにくい）。

ところで，理解と問題解決学習が同義であるからには，次のことがいえる。それは，問題解決学習において問題が解決されると，また新たな問題が生まれてくるということである。かくして，理解は疑問から疑問へと，問題解決学習は問題から問題へと深化発展していくことになる。

再び先の授業場面へ戻ることにしよう。系統的学習指導では，教師が「答」を提示して学習が終了したとものとする傾向が強い。この授業は正にその典型である。だが，理解（学習）の本来の姿に即していえば，子どもたちが「どうして関西方面なの……」等のつぶやき声を発したとき，農家の人々の「問題」を共有する契機が訪れていたとみることができる。つまり，それは問題解決学習への入り口でもあったのである。

このように系統学習と問題解決学習は，実のところ隣接しているといってもよい。ただ，系統学習は本格的な学習に入る直前に，子どもたちの追究を打ち切ってしまいがちなのである。系統学習が"暗記学習"に止まる傾向にあるのは，主にこのことに因っている。

2　問題解決学習の原理

まず総論として育成すべき学力と子ども像について述べる。次に，各論として問題解決学習の内容論，方法論等について述べる。

(1)　基礎学力と生きて働く学力

いかなる教育の立場においても基礎学力は重視される。ただ，それをどう規定するか，また，それをどのようにして養おうとするかという点では，立場による違いが大きい。すでに述べたように系統主義は知識それ自体の働きを過信し，それに依存しようとする傾向が著しい。故に，基礎的知識の内面化即基礎

学力養成とする飛躍を犯していた。確かに内面化された知識は物事を認識するうえでの視点となりうる。しかし，注入された知識は逆に認識者を支配し，思考力や判断力の働き，および発展を妨げるおそれがある。

　知識は自己否定を繰り返しつつ進化発展してゆく。その節理に従うことなく，学力（認識能力，思考力，判断力等）が発展的なものとなる所以はない。すなわち，基礎学力が字義どおり発展を支える基礎として働くためには，知識とともに自己否定的に深化発展していくような学習過程を通して，学力が養成されなければならない。そこにおいて知識は，孤高の絶対者として君臨することはない。知識は学習者の問題解決を指向する統一的なバランスの中で，相対化される（他の知識と関係づけられる）ことになる。

　学力の質を問題にする際，基礎学力と同様に，しばしば論議の焦点となる生きて働く学力についてふれておきたい。生きて働く学力とは，別言すれば，応用力にほかなるまい。応用力は，それを獲得したときとは異なった状況下（条件下）でも，発揮される力である。とはいえ，保持している知識や技能をただ闇雲に適用するのであれば意味をなさない。的確で深い対象理解とそれにもとづく自己否定的な柔軟性のある対応によって応用力は発揮されるのである。その意味で応用とは，問題解決の過程そのものであるともいえる。

(2) 問題解決学習の子ども像

　問題解決学習は注入を排し，子どもが主体的な学習者たることを求める。それがすなわち問題解決学習を通して育つ子ども像である。さらに具体的に述べてみよう。問題解決学習は既存の問題，または，未然の問題を子どもたちが自分の問題としてとらえなおし，新たに問題化することによって成立する学習である。子どもたちが主体的な学習者となる理由は，まずこの点にある。だが，教師が問題を押しつけたり，問題の解決をはかる際に多数派や権威者の考えに安易に同調したりするのであれば，それは注入も同然である。よって，教師は子どもの中で学習問題が芽吹くことを願い，教育材の開拓に努めるばかりでな

く，一人一人の子どもが自分の考えや思いを持つことができるようにさまざまな配慮をしなくてはならない。そしてまた，思考力，創造力，判断力等は，納得がいくまでこだわり続けるねばり強い追究によって培われることを忘れてはならない。

　問題解決学習は，既述したように子どもの自己変革を促す。しかし，それは必ずしも無抵抗のまま実現するわけではない。子どもにも生きる支えとなっている価値観があり，プライドもある。それは自己同一性保持のエネルギー源であるとともに，自己変革を妨げる抵抗として働く。だからといって，彼らの価値観やプライドを無下に否定するのであれば，自己疎外に陥るおそれや反発を招くおそれもある。

　子どもが自ら変わるきっかけは，いかにして生まれるのであろうか。Ｍさん（小６）は優等生然とした子であった。視野が広く，目ざとく，発言力があり，何事にも意欲的に取り組み，しかも冷静さを失うことのない子どもであった。ただ，気がかりだったのは，社会科の授業のとき，本や参考書からの引用をもって自分の意見に代える傾向が強かったことである。

　彼女が変わるきっかけは偶然訪れた。ある子の疑問に端を発した学習問題「古墳時代にお金はあったのか」の追究に入ると，想像力豊かなＳ君が最初に発言した。その内容はおよそ次のとおりであった。お金は同じものを数多く作る必要があるが，当時それだけの技術はなかったはずだ。また，お金は全国共通のものでなければならないが，当時は国自体がしっかり統一されていなかったはずだ。この発言のすぐあとＭさんは，以前の考えを翻してＳ君の考えに賛同する立場で意見をいう。彼女はもしかすると皇朝十二銭の存在を知っていたのかもしれない。そのためか彼女は始め，当時お金はあったはずだとする立場であった。ところが，説得力のあるＳ君の意見に接し，考えを変える。その発言の際，彼女は「これは私の意見だけど」という前置きをした。彼女が，まさしく自分の意見である旨をわざわざ断ってから発言したのは初めてのことであったという。権威ある書物への依存傾向の強かった彼女にとって，それは勇気

のいる第一歩だったことであろう。
　これは確かに偶然の出来事に相違ない。だが，振り返ってみれば，参考書にも正確には記されていない問題に直面し，権威的なるものから離れて独り立ちをするか否かの決断を迫られたという事情は存在していた。また，想像力にまかせて独自の意見を展開するＳ君という良きモデルがいたことも事実だ。つまり，彼女が変わる（新たな側面を発現させる）ための条件は整っていたともいえそうである。
　一般化して述べることにしよう。問題解決学習においては知識との対決を通して一人一人の考えが幾度となく問い直されることになる。だから，子どもたちは自らをかけて学習に臨んでいるといってもよい。自己変革のきっかけは，そうした時にこそ生まれるのではないか。さらに，問題解決学習においては，子どもたち一人一人の個性が伸びやかに発揮される。より一層個性が際立つといってもよい。それだけに子どもたちがお互いを学びの対象とする機会も豊富にある。
　なお，自己変革はものの見方，考え方の変化，あるいは価値観や学習姿勢の変化として具現することになる。また，自己変革は成長実感として自覚されることも少なくない。成長実感は子どもをより主体的にし，発展力を秘めた学習動機となる。
　問題解決学習を通して育つ子ども像について補足する。問題解決学習で鍛えられた子どもたちは，権威を頼もうとはしない。自らの考えを実証的，論証的に裏づけようとし，事実を手がかりとしてより深い追究を試みようとする。また，それゆえに感情に流されることも少ない。
　６年生の歴史の授業を参観していたときのことである。学習問題は「なぜ縄文時代から弥生時代に変わったのか」であった。授業も終末に近づいた頃，子どもたちから出された「主な理由」は，教科書や参考書にも記されている「大陸から米作りが伝わったため」に落ち着こうとしていた。ところがその時，一人の女子が反論を始めた。その「理由」では納得できないというのである。す

るとすぐに他の子どもたちから強い反発の声が上がった。教科書にも「そう書いてあるじゃないか」と。彼女はそれでも食い下がった。彼女はしっかりとした口調で次のような主旨のことを述べた。米作りが伝わったのは確かだと思う。しかし，それは今の米作りとは違うはずだ。だから，うまくいくはずもなく，お米は余り取れなかったのではないか。「神子」と呼ばれる女の人がいたのは，お米がたくさん取れるように神様にお願いするためではなかったのかと。しばし教室が静まりかえった。そして，次時の学習問題を決める時を迎えた。「時代は本当に変わったのか」ではどうだろうという提案がなされると，多くの子が賛同の意を表した。彼女はたった一人で"権威ある抽象論"にねばり強く抵抗し，それを打ち破ったのである。

　問題解決学習の過程は一般に①問題に直面する，②問題の所在を明らかにする，③解決のための試案を作成する，④解決試案を推理によって検証する，⑤解決試案を行動によって検証する，という５段階からなるとされている（山田栄，唐澤富太郎他編『教育学小辞典』より）。しかし，これはあくまで形式化してとらえた問題解決学習のモデルであり，実際上は学習問題の成立に相当する①②でさえ決して容易に実現するわけではない。たとえば，教師が問題提示を行ったとしても，切実感が乏しければ，子どもはそれを自分の問題として受けとめようとはしない。

　学習が実りあるものになるか否かは，ひとえに「問題」が子どもたちにとって切実感のあるものであるかどうかにかかっているといってもいい。ところが，単なる学習方法，形態として紹介され，導入がはかられたせいであろうか，あるいは，旧来の形式主義が未だ克服されていないせいであろうか，型どおりの問題解決学習を子どもたちに実演させているだけとしか思えないような授業に出会うこともある。教師が"形"を意識するあまり，子どもたちが何を求め，何を必要としているかという最も大切な問題への配慮が疎かになっているために，そのような状態に陥ってしまうのであろう。子どもの主体性を尊重するのが問題解決学習の特徴であるといった名目で，教師は子どもたちを解き放つ。

しかし，どう動いていいやらわからない子どもたちは，そっと教師の顔色をうかがいつつ試行錯誤を繰り返す。それもできない子どもたちは，ただださまよい続けることになる。
　再度いうが，問題解決学習をすすめるにあたっては，子どもたちが何を求め，何を必要としているかを見定めなくてはならない。ある教師は，新しく受け持った子どもたち（5年生）の表情が一様に固いことに不審を抱いた。同僚教師の話によれば，前担任がとても厳しい指導をしていたという。事情を察したその教師は，4月の学級目標を"みんなで笑うこと"にした。ちょっとした"種"をみつけては本当によく笑ったそうだ。日が経つにつれ子どもたちの表情は次第にほぐれ，喜怒哀楽を素直に現せるようになってきた。次に教師は子どもたちが言葉で心おきなく自己表現できるようになることを願い，毎朝みんなで歌う"学級の歌"を決めるための話し合いの時間を取った。どの子にも好きな歌があるので，話し合いは熱気を帯びた（「問題」の共有）。毎朝歌うとなると簡単には妥協できない（切実性）。なかなか決着がつかず，午前中の時間をすべて話し合いに充てることになってしまった。この話し合いをきっかけとして，子どもたちは学校生活全般で自分の考えや思いを積極的に表出するようになったという。そして，問題解決学習に取り組めるようになったともいう。
　以上の事実経過をたどってみると，子どもたちの状況，特に社会的な意味での育ちに即した目標設定と，それを実現するにふさわしい「内容」と「方法」の導入がはかられていたことがわかる。
　ところで，同教師はもとより個々の子どもの育ちについても適切な目標設定を行っている。端的な例を引くことになるが，別の5年生を新しく受け持ったときのことである。クラスにK君という無口で，無表情で，行動力に乏しい子どもがいた。4年の時までは，余りにもおとなしい子だった彼にほとんど誰もかかわろうとしなかったし，関心も持たなかったという。彼の態度，様子に疑念を抱いた教師は，父母に専門医の診断を受けるよう勧めた。その結果，彼は自閉症であることが判明した。ただ単におとなしい子として気にもかけられず，

普通学級で数年を過ごしてきたことに驚いたが，すでにクラスになじんでいることもあって，結局特殊学級の教師と連携を取りながら原級に在籍させることになった。自己表出をほとんど行わない彼の成長の兆しをとらえる仕事は正に手さぐりだった。一番の手がかりは彼が描く絵であった。人と向き合う（視線を合わせる）ことのない彼の心に他者はどう映じているのか。それを知り，その変化を把握することが第一の課題であった。クラスの子どもたちには，何かにつけて彼に声かけをするよう依頼した。やがて彼の絵に人が登場するようになった。僅かにだが，その人についての説明もするようになった。そしてクラスの子どもたちからは，彼のちょっとした変化に関する情報が寄せられてくるようになった。

　時が過ぎ，彼に大きな変化が訪れた。あるとき担任教師を「お母さん」と呼んだのである。対人認識が育ってきたと判断した教師は，他者への言葉による働きかけ（自己主張）を次なる目標にした。その目標が実現するまでには長い道のりを要したが，チャンスはやってきた。学校行事で宿泊する機会があった。彼は会食するのを嫌がっていた。おしぼりの入ったビニール袋を手で強くたたいて破裂させ，大きな音を立てる子が何人もいたからだ。彼は日頃から大きな音を恐れ，パニックを起こすこともあったという。再度の会食の直前，教師はK君に「パンという音をさせないよう，みんなにお願いしてごらん」と声をかけた。そして，他の子どもたちに向かって「皆さんにK君からお願いがあるそうです」と前置きをした。すると，迫り来る恐怖の時間にせきたてられたのか彼は皆の前で言葉を発した。「パンという音をさせないで下さい」と。

　以上の経緯を振り返ってみるならば，これは，一人の子どもの個性的な成長軸を仮設し，可能なかぎりの手がかりを得て成長の評価を行い，それにもとづいて働きかけ方を工夫していった丹念で，ねばり強く，息の長い実践であったといえよう。しかも，K君も他の子どもたちも，そして教師も一つの目標に向かって問題解決的な取り組み（広い意味での学習）を行っている。

　ところで，この実践においては，一人の子どもについて設定した目標が他の

子どもたちにも波及効果をもたらしていることがわかる。すなわち，K君の成長発展の兆しをとらえるという困難な問題，それも本来的には教師自身の問題であるはずの「問題」を，他の子どもたちもまた共有し，K君理解を深めつつ彼への対応のし方を変えていくことになった。一般化していえば，ある一人の子について設定した目標は，他の子どもたちの教育目標としても生きる可能性があるということである。それは何故であろうか。

　問題解決学習における教育目標は，いうまでもなく子ども自身によって達成される（間接的な目標実現）。そして，すでに述べたように問題解決学習は，直面した問題を子どもたちが自分の問題としてとらえ直すことによって成立する。だとすれば，子どもたちが「問題」として対することになる教育目標もまた，共通化していく可能性が開かれているのである。

　先の実践の場合，教師が設定した一連の目標は，K君特有の事情を深く掘り下げ，つきつめて導いたものであったために具体性があり，他の子どもたちにとっても自分との関連がみえやすく，それだけに現実味があったにちがいない。だからこそ子どもたちが共感し，自分の問題（目標）としたのではなかろうか。

　一般化していえば，一人の子どもの教育目標と他の子どもたちの教育目標は関連的であるといえよう。さらにまた，関連を持たせることが可能である。一見矛盾するようだが，一人の子どもの背景を見据えた目標，つまり，個性が色濃く反映された目標は，かえって普遍的である可能性が高いのである。別言すれば，子どもの実態をふまえた具体性のある目標は波及効果を生み出すということである。

　たとえば，授業妨害を行う子どもがいたとしよう。それはあるまじき行為にはちがいない。しかし，他面その子は行動に訴えることで，授業に内在する問題点，大多数の子どもにマイナスの影響を及ぼしていながら，何らかの理由で表面化することのなかった問題点を暗に告発しているとも解釈できよう。もし，そうだとすれば，その子の内面にアプローチすることを通して授業改善の有力な手がかりが得られると同時に，より焦点的な目標設定が可能となるにちがい

ない。しかも，その目標は他の多くの子どもたちにとっても有意味なものとなりうるのである。

(3) 切実な問題——新たなる基礎・基本論

　問題解決学習による目標実現は学習問題の質とその切実性にかかっている。すなわち，学習問題は子どもの自己変革につながり，発展にむすぶようなものでなければならない（ものの見方，考え方，社会観，人間観，人生観などその子らしさを支えているものの変革）。そのためには，学習問題自体が深化発展することが必要である。一方，これらの要件を満たすための子どもの側からみた条件は，学習問題が自分をかけてねばり強く取り組むことのできる切実性を備えているということである。ただし，ある子にとって切実な問題は，他の子にとって切実であるとは限らない。というのも，切実性は実体的なものではないからである。切実性は，子どもと「問題」化される以前の学習対象の相互的な働きかけによって生じるものなのである。

　こうして切実な学習問題の必要条件を列挙すると，その成立までの道のりが平坦ではないことに気づかされるだろう。改めていうが，実践を展開するうえで特に注意を要するのは，切実性の解釈をめぐる問題である。たとえば，深刻な社会問題はとりもなおさず切実な学習問題になりうるであろうか。それとも，切実か否かはあくまで子どもの情動的な問題にかかっているのであろうか。この問題を解き明かすために，以下に実践例を引くことにしよう。

　5年生の社会科の授業参観をしていて，次のような場面に遭遇した。教師は地域の環境問題に子どもたちの目を向けさせようとして躍起になっていた。環境問題の事例をあげながら「あなたたちは，これについてどう思いますか」，「このままでいいと思いますか」といった問いかけを幾度となく繰り返した。その間，子どもたちは沈黙したままで，教師の執拗な問いかけにほとんど反応を示さなかった。教師は業を煮やしたのであろうか，語勢を強めて先の言葉をまた投げかけた。すると突然，一人の女子が少しく感情のこもった語り口で

「環境を悪くしてしまったのは大人たちでしょう。どうして私たちがその問題を解決しなくてはならないんですか。」と発言した。そのとたん教師は顔をこわばらせ，しばし言葉を失ってしまった。切実な社会問題すなわち切実な学習問題と速断する飛躍を犯した教師が，子どもから手厳しい反撃を受ける形となったのである。

ところで，この事例はいうまでもなく，社会問題が学習問題になりえないということを証明しているわけではない。既存の社会問題と子どもたちが抱きうる問題意識との間に，隔たりと壁が存在している場合が少なからずあるということを示唆しているにすぎない。

では，どうすればそのような困難点を克服することができるだろうか。それには次のような条件が満たされねばなるまい。一つは，社会的問題か自然科学的問題かの別を問わず，既存の問題と学習者である子どもとの間に何らかの関連性があるということ。もう一つは，その関連性を子どもが自覚できるということである。この二つの条件は相互的である。子どもの興味，関心の有無，程度，認識力の大きさによって関連性の有り無し，大小が決まるからである。したがって，現実問題としては「意識」の醸成期間を見込む必要があるだろう。

ところで，上の例とは逆に，切実な学習問題が即時的に成立する場合もありうる。たとえば，第２部にて詳述する仮説実験授業において提示される「問題」は，その契機となる可能性が非常に高い。そこで次に，一事例を糸口として切実な学習問題の成立条件についてさらに探究してみたい。

中学校の各教室の授業を，短時間ずつ参観していたときのことである。２年生のある教室に入って行くと，一番後ろの席で立て膝をして座っていたＹ君がすぐさま私に話しかけてきた。彼にとっては"不審人物"でしかない私のことが気になったらしく，授業中にもかかわらず彼は続けざまにいくつかの質問をした。私とのやりとりが終わると今度は，誰にともなく声をかけ始めた。授業の妨げになるほどの声の大きさだった。その風体といい，Ｙ君はどうやらこのクラス"問題児"らしいと私は直感した。単調な講義形式ですすめられてゆく

その「歴史」の授業（小単元「19世紀の欧米諸国」）は，子どもたちの興味を喚起しているようには思えなかった。Y君は退屈している。だから，さかんに声を発しているのか。そのように察したとき，先にY君を"問題児"と決めつけた私の心は揺れ始めた。教師は「南北戦争」の導入として，奴隷売買のシーンを描いた掛け図の説明に入った。そこには，体を寄せ合いながら床に横たわっている数人の黒人奴隷と彼らを取り囲むように立ち並んでいる多数の白人たちが描かれていた。突然，「奴隷はなんで逃げねえんだ！」という大きな声がした。声の主はY君だった。それは教師へ向けられたY君の質問だった。しかし，教師はあたかもそれが聞こえなかったかのように彼の問いかけを無視した。否，新卒間もない彼女（教師）は，教師間で何かと話題になることの多いY君からの不意の質問に，戸惑いを覚えただけなのかもしれない。少し間をおいて，またY君の大きな声が響いた。「奴隷はなんで逃げねえんだ！」その声には怒りがこもっているように感じられた。教師は今度も無反応だった。教室はつかの間静まりかえっていた。私の心の中で，Y君の声の残響が虚しい響きに変わっていった。ほどなく私は教室を出た。私は残念でならなかった。教師がY君の質問を受けて，クラスの子どもたちに同趣旨の発問をしたならば，さしたる時間を要することなく切実な学習問題が成立していたにちがいないと思ったからだ。Y君の質問は率直かつ素朴であるゆえに他の子どもたちにも強く訴え，共感を呼ぶに違いないと私は確信したのである。

　この事例は，切実な学習問題の成立可能性を予期させるに止まっている。しかし，その成立可能な情況について考えるうえでは一つの端的な例であろうと思い，敢えて取り上げた。

　では，改めて切実な学習問題の成立条件について述べよう。自由奔放に育ったというY君の"生き方"と黒人奴隷の"生き方"がまっこうから対立し，Y君の"抗議"とも受け取れる強い疑念が喚起された。このことから示唆される切実な学習問題の成立条件は，"生き方"といった日常語でも表すことのできる，思考や判断の拠り所となっている内なる「体制」が揺さぶられるということで

ある。なお,「体制」は"生き方"の他に,見方,考え方,価値観,社会観,人生観,あるいは思想等の言葉で置き換えることもできる。

ところで,個の内なる「体制」は一貫性,恒常性を保ちつつも変化を遂げていく。その一過程は,形式化して「統一－否定－再統一」というように表すことができる。「否定」とは「統一」が破られたとき,すなわち,安定を保っていた「体制」が揺さぶられ,変革を余儀なくされた状態である。「再統一」とは,新たな「体制」が作られた状態をいう（新たな「体制」という表現は大げさに思われるかもしれない。しかし,たとえば見方や考え方は,たった一つの情報で一転してしまうことがしばしばあるので,そう表現した)。問題解決学習は,この過程に即している。「問題」は「統一」の「否定」に,「解決」は「再統一」に相当しているのである。よって,問題解決学習は子どもの自己変革と常に一体化しているということができる。また,裏を返せば,子どもたちの「体制」が揺さぶられるような情況が現出したときはじめて,問題解決学習は成立したといいうるのである。

新たなる基礎・基本論

先程の事例にもう一度戻ることにする。もし仮にY君の発した疑問にもとづいて学習問題が成立していたとすれば,どのような学習展開と目標実現が見込まれるであろうか。

「奴隷はなぜ逃げないのか」という問題を解明することは,当然ながら難しい。そこで子どもたちはイメージを働かせ,当時の社会状況を傍証として説明を試みるであろう。その当初は「逃亡すると処罰が厳しかったから」,「逃亡しても行き先がなかったから」等の経験的に類推した意見が主流を占めるであろう。こうした意見に対して,Y君はきっと「それでも俺だったら逃げる！」と反論することであろう。そこで次には,Y君を納得させるような説得力のある意見が待望される。たとえば,「当時の社会には奴隷制というのがあったわけだから,無事に逃げ出せたとしても結局は同じことだ」,「黒人奴隷たちは教育

を受けていないので，組織を作って団結して白人たちと戦うという考え方がなかった」といった意見である。これらは個人の意志の問題を越えた，つまり，Y君の視野にはなかった社会状況，時代情況にまつわる意見である。この段階では，級友の意見に耳を傾けながら考え込むY君の姿が見られそうだ。

　さて，こうして徐々に深部へ迫っていったとしても，「奴隷はなぜ逃げないのか」という問題の明快な解答は，ついに得られないかもしれない。それは多分に相対的な問題だからである。しかし，以上の過程で次のような目標が実現する可能性はないだろうか。ただし，先の話し合いが，教科書や参考書や資料を参照しつつ行われたものと仮定した場合だが。

　まず自らの経験を拠り所にした推論は，主体的な知識形成に結びつくであろう。それは同時に自分なりの見方，考え方が培われるということでもある。知識理解に関しては，当時の列強国の経済発展を支える柱となった奴隷貿易，奴隷制の非人道性に目が開かれることになろう。また，文明の開けた欧米諸国でさえ，当時は人権感覚の未成熟な不平等社会であり，民主主義社会からは程遠い状態にあったということを知るだろう。そして，文明化の度合いの国家間（地域）格差がいかに大きかったかということを実感するであろう。

　こうして子どもの中に育まれた知は，以下のような働きをする可能性がある。南北戦争が奴隷解放を実現したことは確かだとしても，黒人の社会的地位の保障をも実現したわけではなかったのではないかという推論を支える。南北戦争は黒人が自らの自由を勝ち取るために決起した戦いではなかったという推定を支える。このような段階を経て，知の働きはさらに未来へと及ぶ。すなわち，今日のアメリカが自由平等の民主主義理念を掲げ，世界の人権問題に強い関心を寄せる国でありながら，人種差別問題を今だ克服しえない理由を考える際の大きな拠り所となりうるのである。

　切実な学習問題にもとづく追究の所産である「知」は，計り知れない未来性を有している。そのことは基礎・基本の本義が何であるかを明確にするうえで，重要な示唆を与えてくれる。そこで，これまでの考察をもとに，基礎・基本の

新たなる意味づけを行いたい。

　基礎・基本の本来的な意味は(1)見方，考え方等の子どもの内なる「体制」を支えるもの，(2)成長発展の土台となるもの，(3)未来に生きて働く力のもとになるもの，そして(4)応用力の源動となるものであるはずだ。よって，教育内容としての基礎・基本は，①子どもと緊密に（相互限定的に）結びついたもの，一体となったものでなくてはならない。問題解決学習という名称の「解決」とは，主として子どもの「体制」と知識が統合された状態を示しているといってよい。因に，知識を暗記するだけの学習では上の関係が生成されない。②子どもの自己変革を促すものでなくてはならない。問題解決学習の「問題」とは，すでに述べたように自己否定を意味している。③依然として追究のエネルギーを秘めていなくてはならない。問題解決学習は問題から問題へと深化発展していく。ゆえに，真理に迫ろうとするものの，途上で学習を終える形になる。そのために追究エネルギーは尽きることがない。旧来の授業ではいわゆる「基礎・基本」が到達目標であり，その確認をもって学習が終了する。④個性化されること，再構成されることが前提とならねばならない。①の条件のごとく知識が子どもと一体化するということは，知識が個性化されることを意味する。また，②の条件のように自己否定を伴う学習では，自らの保持している知が組み替えられたり，新たに構築されることを意味する。

　以上のような条件を備えた基礎・基本は，一律，固定的，絶対的ではなく，個性的，動的，相対的でなければならない。ただし，それが無限定的であることを意味しているのであれば，従来の教育内容はすべて斥けられ，現実的ではなくなる。問題解決学習において従来の内容は，いわば学習の通過点として，言い換えれば，必須の仮の目標として重要な位置を占めることになる。なお，上に提示した基礎・基本は旧来の「基礎・基本」と本質的に異なっている。そこで，区別する必要から「新たなる基礎・基本」と呼ぶことにしたい。

　新たなる基礎・基本の意義について注記しておく。本来の基礎・基本は学習の所産であるとともに，学習の成立を促し，学習を支えるものでもある。なぜ

なら，問題解決学習では，成果と過程が同等であるからだ。別言すると，その成果は動的であるからだ。それゆえに，上記の基礎・基本の内容に変更はないが，切実な学習問題の成立に寄与するもの（題材，資料等）も，その内容に含まれるということを確認しておきたい。

問題解決学習の副次的所産──クラスが変わる

　問題解決学習が人間形成に及ぶものである以上，クラスの人間関係にも何らかの変動をもたらす可能性がある。事実，私はそうした実践報告に幾度も接した。では，何ゆえに人間関係が変わりうるのか，その説明を試みたい。なお，先のＹ君の事例は好適なので，再び援用する。

　Ｙ君は"ツッパリ"然とした中学生であった。彼が近寄り難い感じを漂わせていたのは，人から認められた経験が乏しいために，ありのままの自分を覆い隠し，自分の存在を大きく見せようとして人を威圧する"自分"を演じていた（虚勢を張っていた）せいではないのだろうか。もしそうだとすれば，Ｙ君の疑問が取り上げられ，それにもとづいて授業が展開される意義は小さくないはずだ。まずＹ君の疑問が学習問題として共有されること自体，Ｙ君が他の子どもたちに認められることを意味する。また，単調な授業に甘んじていた他の子どもたちと違って，Ｙ君が一人で授業の方向を転じ，活気あるものに一変させたとすれば，Ｙ君の勇気に敬服する子どもも出てくることだろう。しかも，Ｙ君が自分の主張を容易には曲げず，反対派を粘り強く説き伏せようとしたならば，クラスの子どもたちのＹ君に対する見方が，大きく変わることも予想される。

　憶説の上に憶説を重ねてしまったが，自らの思いを率直に表出する野性味豊かなＹ君の性格を考えると，必ずしも現実離れしているとは思えない。ともあれ，以上のことが実現すれば，Ｙ君はもはや虚勢を張る必要がなくなるのではないか。つまり，Ｙ君を取り巻くクラスの人間関係が変動するのではないだろうか。

ここで一般化をはかることにしよう。切実な学習問題にもとづく授業においては，一人ひとりの子どもの個性（持ち味）がよく発揮されるだけでなく，自己変革が促されることもある。その意味で，問題解決学習は自己発見と他者発見の場だということができる。人間関係上のさまざまな問題は，相互理解の不足によって発生することが多いが，問題解決学習の授業では関係改善の契機が随所に存在するのである。してみると，問題解決学習の副次的な所産ともいえる"潜在的な教育力"を活かすべく，授業計画に盛り込むことが考えられてしかるべきであろう。

(4) 抽出児

　問題解決学習の主役は，いうまでもなく子どもである。そして，教師は支援者，あるいは助言者の役割を担うことになる。そのために，問題解決学習においては注入が排されるばかりか，「目標＝内容」という旧来の枠組み（制約）からも解放され，一人ひとりの子どもの実情に即した目標設定が可能になる。しかし，目標実現は子どもの主体性に大幅に委ねられることになるので，周到な授業計画と学習条件に関する細心の配慮を要する。その際の困難点は，個々の目標を集団学習の中でどう実現するかという問題である。その難題を解決するには，もちろん個別指導や個別学習を取り入れるという方法もある。だが，子どもたち同士のかかわりを通して実現することが望ましい目標もある。たとえば，見方，考え方の変革をねらいとする目標がそれである。しかも，そうした目標は重要なものであることが多い。そこで，先の難問を解決するための別の方途を示すことにしよう。

　まず前提となる事柄について述べる。繰り返すが，問題解決学習の目標実現は間接的であることを旨とする。実際上は，主に学習条件の整備調整を介して目標実現をはかることになるが，中でも次の二者は必須の条件ともいえる。一つは，一人ひとりの子どもが自分なりの見方や考え方を持つことができるとともに，それを表明する場が確保されているということ。もう一つは，子どもた

ちが他者の見方，考え方を知ることを通して，自らの見方，考え方を再構築してゆく機会が保障されているということである。

　上の前提にもとづくならば，個々の子どもの目標は他の子どもたちの目標と関係づけて設定する必要がある。つまり，子どもたち相互のかかわりを常に視野に入れて，目標設定しなければならない。角度を換えていえば，一人の子どもについて設定した目標は，他の子どもたちの目標と連関しており，ある子どもの目標実現は，同時に何らかの形で他の子どもたちの目標実現につながっているということである。したがって，先の「個々の目標を集団学習の中でどう実現するか」という問題を解決するには，以下の方途がきわめて有力である。

　資料選定，作成を例にとることにしよう。一般的にいえば，個の目標を実現するのに最適な資料が他の子どもたちにとって最適であるとはかぎらない。否，むしろ著しく異なっていることの方が多いであろう。しかし，問題解決学習では共通の学習基盤が築かれねばならない。そこに二律背反ともいえる難関が横たわっている。だが，上記の二つの条件を満たすことを重視するときには，個にとって最適な資料は，他の子どもにとっても最適である可能性が開かれてくる。その点に着目するなら，個々の子どもを，場合に応じて多数の子どもたちの代表とみなすことができる。すなわち，特定の子どもを焦点化することによって，他の子どもたちにも適合する資料を選んだり，作成したりすることができるはずだ（旧来の授業システムでは，教科書を含め，通常中位レベルの子どもに適合するような教材が用いられてきた。その選定基準はあくまでも内容の理解度であって，個々の子どもにとっての必要性が主たる基準となっているわけではない。したがって，教材の方に子どもを合わせるという意味合いが濃い）。たとえば，歴史学習に興味の薄い子どもの学習意欲を高める目的でしかるべき資料を導入することによって，他の子どもたちの学習意欲をも高めることができる。また，学力格差が学習意欲に大きな影響を及ぼす算数・数学では，学力レベルを便宜的に等級化し，各級の典型的な子どもたちに適当する問題を作成することによって，どの子も意欲的になる可能性が大きい（第2部にて詳説）。

ところで，静岡市立安東小学校をはじめとして長年来問題解決学習の実践に取り組んでいる学校では，授業の中で焦点化する子どもを「抽出児」と呼んでいる。今日，その名称は広く普及しつつあるので，ここでも同名称を踏襲することにしたい。ただし，上で論述した抽出児設定の根拠は，既成のそれ（安東小の場合，抽出児を設定する根拠は少しずつ変遷しているが，「一人ひとりの子どものための授業」を具現するために，抽出児を設定してきた歴史がある）に新たな意味付与を行ったものだ。つまり，一つの問題提起でもある。

　なお，「抽出児」の原義は，「授業評価の目安とするために選ばれる子ども」である。しかし，目標と評価はいわば表裏一体の関係にあるので，目標設定にかかわる事柄についても有効に位置づけることができるものと考え，論理化を試みた。

　目標設定の問題に関して補足しておきたい。論題からそれるようだが，個性とは一体何だろうか。実は，それをどうとらえるかによって，目標設定のあり方は大きく違ってくる。私たちは，筆跡を見ただけで，その文字を書いた人が誰か言い当てることができる。有名な画家の描いた絵についても同様である。側聞した言行についてさえ，その主体者が誰であるかを推定することができる。いうまでもなく，そこには個性が現れているからである。すなわち，人の所業の中に一貫性を備えたある種の型を見て取ることができるからである。その「型」を成り立たせているものを，前節で「個の体制」と称した。おそらくそれが，最も深い意味での個性，もしくは人格に相当するであろう。いい換えれば，自己統一のし方を個性の根源と考えるのが至当であろう。それならば，子どもの変容を願い，目標実現をはかろうとする際，子どもの何にどう働きかければよいのだろうか。また，そもそも意図して子どもを変容させようとすることは，許されるのであろうか。

　旧来の道徳観である徳目主義に立つ人々は，たとえば子どもが嘘をつくのは，それが悪いことだ知らないからだという。だから，価値や規範（徳目）を教える必要があるのだという。しかし，実のところ問題があると自覚していても，

実行してしまうところに問題行動の問題行動たる所以があるのではないだろうか。よって，子どもの変容を願うのであれば，まずそうした「矛盾」の奥にある心（思考）のバランスのあり様（自己統一のし方）に目を向けなければならない。

　さらに別の角度から説明を加える。心と知は相即不離ともいうべき緊密な関係にある。両者の間には，実に微妙なバランスが存在しているのである。知人にまつわる些細な出来事について側聞したとしよう。もしそれが，知人のイメージを損ねるような情報だとしたらどうだろう。必ずや好悪感情に何らかの変化をきたすのではあるまいか。そして，その後は以前と違った目で知人を見るようになるだろう。つまり，知のあり方（見方）が変化するのである。このように心と知は相互限定の関係にある。

　差別や偏見や独断についても同様の説明が成り立つ。それらは，自らが保持している特定の価値基準で対象を選別し，即断的に評価を下した後は理解の扉を閉ざしてしまう心の構えにほかならない。しかも，感情に支配されているために，新たな情報をも自己肯定の材料にするという悪循環を生じているのである。差別や偏見や独断は，硬直化した静的な自己統一の表れとみることができる。なお，そこまで極端ではないにしても，浅い理解，一面的な理解が決めつけた見方を誘発しやすいことはいうまでもない。

　次に，知と知，思考と思考の相互限定的バランスの例を示すことにしよう。非科学的な態度は，どのような自己統一のあり方の反映であろうか。その特徴は，知と知，思考と思考の対立葛藤が生じにくい点にある。判断を揺り動かす可能性のある新たな情報に接しても，あたかも防衛システムが働いているかのようにその情報を正当に認知しようとしないのである。つまり，非実証的，非論証的だということになるだろう。そのような特徴を生じる原因は二分できるように思う。一つは，権威的な力や一般通念によって思考（認識）が制御されている場合。もう一つは，単なる思い込みやこだわりのために，自己否定的な情報に対して一時的に背を向けている場合である。前者は価値観と一体となっ

ていることが多く，根が深いといえる。したがって，容易には見方，考え方を変えようとはしないであろう。後者では根が浅く，わずかなきっかけで見方，考え方を変える可能性が大きい。なお，以上のことは自然科学，社会科学のいずれの場合についてもいえる。

　上述したことを概括しよう。新たな見方や考え方の形成を阻害する非発展的な自己統一のあり方は，下記のように類型化できる。①発展的な自己統一の前提となる自己否定が，容易には実現しない状態にある場合。何らかの要因で，自己統一のあり方が一定の状態に固守されていると考えられる。②自己否定→自己の再統一は実現するものの，統一のし方が固定的でパターン化している場合。③保持している情報が一方に偏っているために，自己統一のバランスを失っている場合。④保持している情報が過少か，もしくは表面的なそれであるために，浅いレベルの自己統一に止まっている（自足している）場合。

　では，それぞれのケースについて，どのような目標設定が考えられるのか順に説明したい。①の要因としては，既得価値の絶対視，自己過信，心の屈折，あるいは保守的な性格傾向等が予測される。したがって，まず自己の姿（見方，考え方）を直視する契機の生じることが望まれる。そして次に，自己の姿（見方，考え方）と他者のそれを対比する機会のあることが望まれる。そこで個別の目標は，最初に個々の子どもにふさわしい「契機」を想定することによって設定することになる。次には，他者のどのような見方，考え方に直面させることが適当かを吟味して設定することになる。なお，以上のように目標を内容，方法と複合させて記述しているのは，目標実現が間接的に行われることを前提としているためである。言い換えると，教師が目標となる事項を直接子どもに与えるのではなく（注入を排し），子ども自身による目標実現を旨としているからである。それゆえに，先に提起した，意図して子どもを変容させようとすることは許されるのかという問題も，克服しうるのである。ただし，教師が目標である内容を直接与えても，それを子どもが相対化できる（主体的に意味づけたり，選択的に役立てたりできる）状態にあるときは，別である。目標とす

べきことが明確化し，むしろ有効な場合もある。以下に述べるケースについても，同様のことがいえる。

②の場合は常識や世俗的価値や経験知にとらわれているか，物事を深く考える生活習慣が身についていないこと等が要因であろう。したがって，常識や経験知を覆すような資料や事象との出会いを企図したい。また，①と同様の手立ても有効であろう。

③の場合は情報（知識）のバランスに問題があるので，その内実を探り，理解させるべき知識内容を導くことが必要だ。その理解をはかることが，当面の（仮の）目標となる。

④では情報（知識）の深さ，細密さに問題があるので，その点の修正をはかるべく資料等を参照させたい。

以上，モデル的ケースの目標設定の方途について概略を述べたが，問題解決学習における究極的な目標設定のあり方は，子ども自身が自己管理的に目標を立てるということであろう。

(5) 子どもをとらえる

適切な目標設定，内容構成，方法選択を行うには，的確に子どもをとらえる必要がある。そのためには，いかなるアプローチのし方が最も適当であろうか。前項では目標設定にまつわる子ども理解の端的な例を示したので，もはや多言を要しまい。そこで本項では，アプローチの実際的な方法について論述したい。

現行の方法の検討から入ることにしよう。一面的なとらえは論外だとしても，それとは対照的な多面的なとらえはどうだろう。大抵の人が，子どもを多面的にとらえる（理解する）ことは，とりもなおさず有益だと考えるであろう。しかし，「多面的にとらえる」とは，実際上どうすることなのか。どんな視点からでもよいのか。どの子に対しても同じ視点で構わないのか。そのように一歩踏み込んで問い直してみると，明確な回答を示すことは案外難しいのではないだろうか。とりわけ大きな問題は，いろいろな視点を介していくつもの「事

実」を把握したとしても，それをもとに子ども像（全体像）を結べるのかということである。もし，それができなければ，把握した「事実」を解釈することも，つなぎ合わせることもできない。つまり，いくつもの「事実」がばらばらの小断片と化してしまうのである。

　観点別評価は，上述した「大きな問題」を内在させている。というのも，四つの観点（「関心・意欲・態度」，「思考・判断」，「技能・表現」，「知識・理解」）の相互連関が不問に付されているからである。ある子は知識理解が不足しているから，意欲関心が湧いてこないのかもしれない。また，ある子は思考判断が向上したので，技能も表現も豊かになったのかもしれない。そうした観点相互の関連性が明確にされないかぎり，学力像は浮かび上がってこない。また，具体的な指導の糸口もつかみ難い。各観点の重要性については首肯できるが，現状ではそれらが羅列されているも同然である。しかも，観点別評価は，指導状況と子どもの能力発揮の状態や様子との関連（どんな指導のし方をしたときに子どもがどんな反応をしたかという問題）についても不問に付している。したがって，その名称は多面的なとらえをイメージさせるものの，実質的には一面的であることを免れないのである。

　昨今，「多面的」という言葉は価値を帯び，一人歩きしている感がある。しかし，多面的にとらえられた「事実」は互いに関連づけられ，子どもの特性（その子らしさ）に照らして相対化されなければ，有意味な情報とはなりえない。よって，子どもの核心部をとらえることが，先立つ問題となる。では，どうすればそれが可能になるのだろうか。別項を設け，少しく角度を広げて述べることにする。

学力とは何か──客観主義の陥穽

　旧来の方法論の批判的検討を行う都合から，ここでは見方，考え方や能力を「学力」として一括する。「学力とは何か」という問題は，今だ解明されていない。定義すらも曖昧なままだ。その根本原因は，次の二点にあるように思われ

る。第一は，学力を実体的なものと速断している点である。すなわち，「鳥が空を飛べるのは何故か」という問に対して「それは，飛ぶ能力があるからだ」と答えるごとく，学力が一般化しうる実体であるかのように考えられてきた。また，そのことを前提に理論構築がなされてきた。第二は，学力を数値で表すことができるとしている点である。すなわち，数値による表現（学力の数値化）は科学的かつ客観的なので，学力を合理的に把握することが可能になると考えられてきた。

　さて，第一の場合は，現象したことを即座に（同義反復的に）学力と見なす（置き換える）飛躍を犯している。学力はさまざまな機能や意志，感情，知覚，知識等が統一的に働くことによって発揮される力（複合の産物）である。対象や場面に応じてその構成的要素は変動するし，時間の経過とともにその性格も変化する。よって，学力が一定の独立した力であるかのように考えるのは，根本的な誤りである（認知心理学においては1980年代頃から，知的能力は具体的な場面，状況に応じて発揮される場面固有のものであるとし，知的能力一般の存在を認める通説に対して否定的な見解を示している。参照　波多野誼余夫・稲垣佳世子『知力と学力』岩波新書，1984年，67ページ，佐伯胖『認知科学の方法』東京大学出版会，1986年，122，123ページ）。学力を正しくとらえるには，その"現れ"よりむしろ"発生源"に目を向ける必要がある。

　第二の場合は，学力観の科学化，客観化をはかりたいという強い願望，期待が誘因となって，自然科学の象徴ともいえる事象の数値化に安易に追従する飛躍を犯している。数値化の基本データは主にペーパー・テストの点数であるが，点数は学力と同等ではない。端的な例をあげると，授業で扱った内容と近似した問題が出題された場合は，記憶にもとづいて答を表記することができる。しかし，それでは，学力を働かせて問題を解いたとはいえない。また，2人の子が同一の点数であったとしても，多くの子が同一の問題で得点していたとしても，その子たちが同じように学力を発揮したとはいえない。点数という数値それ自体は，学力の質を何ら物語っていないのである。自然科学が数値化の対象

とするのは，一定の実体から生じた現象，事象，様態である。速度や重量，波長，化学反応，分子の構成などいずれにも法則性，規則性が存在し（例外的なものとしてはカオス現象やフラクタル図形がある。参照　吉永良正『数学・まだこんなことがわからない』講談社，1990年，153～168ページ），数値化の前提となる基準を設定することが可能である。それに対して学力は，その存在を推定しうるゆえに便宜的に与えられた呼称にほかならないのである。

　なお，学力を一般知識に託して（一体化させて）とらえようとする学力観がある。昭和33年の改訂で学習指導要領の立場は系統主義に改められたが，その学力観がこれに相当する。そこでは教育内容と学力が同等のものと考えられている。それゆえに簡明で，指導計画も立てやすい。大衆受けする学力観であり，従来から広く支持されてきたそれである。平成10年の指導要領改訂で基礎教科の内容が大幅に削減された際，学力低下を懸念する声が沸き起こったのは，その証といえるだろう。

　知識と一体化させることで，学力は可視的なものとなる。そのメリットの大きさについてはいうに及ぶまい。しかし，個における知識の統合の問題を度外視して学力を正しくとらえることはできない。学力と知識の一体視は，学力の数値化の場合と同様に，暗記しただけの知識と個に組み込まれて見方や考え方を形成している知識の区別を不可能にする。ひいては，知識の詰め込みの許容につながる。現にここ数十年来の教育は，その傾向が著しかった。

　以上，旧来の学力観を批判的に概観した。その難点は，要するに学力を「一定の実体」としてとらえようとしているために，生きて動いている学力の本質を看過していることであった。もう一点は，学力を一般的なものに置き換え，それを学力と同一視していることであった。では，どうすれば，学力をあるがままにとらえることができるのだろうか。

　a　学力の質（実相）については，応用力としてとらえねばならない。その理由は次のとおりである。与えた内容と同一内容の知識を視点としたのでは，記憶されただけの知識か身についたそれかの識別ができない。学力に

は奥行きと幅があるので，その潜在力，可能性を探る必要がある。学力は対象や場合（状況や条件）に応じて自らを変容させながら働く性質があるので，その可変性，柔軟性を探る必要がある。

b　学力の発生源については，統一力と矛盾を問題化する力としてとらえねばならない。その理由は，次のとおりである。学力は一定の実体を備えていないが，統一性（統一力）という動的な実質を有している。また，それが動的であるのは，矛盾（対象に内在する矛盾と自己矛盾）に対応すべく自ら変容してゆくからである。

c　学力には入力と出力の両面がある。入力は認識力，理解力であり，出力は問題解決力である。ただし，両者のもとになる力は応用力である。

d　"学力を発揮する自己"を統制する"高次の自己"（meta-self）の統一力をも学力に含める

e　どのような状況下で学力が発揮されたかという条件の明確化。注釈の役割を果たす。

さて，学力をとらえるには何らかの手段を介さなくてはならないが，論旨の簡明化をはかるために算数のペーパー・テストを例にする。

[問題例1]　（小5用）

必要なところの長さをはかって，面積を求めましょう。できるだけいろいろなやり方で求めてみましょう。

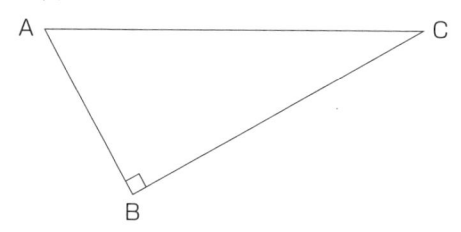

```
       A_____C
        \                     ___/
         \               ___/
          \         ___/
           \   ___/
            \_/
             B
```

◎この問題にとりくんで，ぎもんに思ったことのある人は，どんなぎもんか下に書いて下さい。

上の問題の意図するところを述べよう。この問題を介して把握しようとしている学力は，上記のａ，ｂ，ｃである。教科書で三角形の面積を求める公式を提示する際には，あわせて辺BCを底辺とする三角形が例示されている。辺BCは下方に位置し，用紙の天地と平行に描かれているので，文字どおり底（そこ）にある辺となっている。したがって，「底辺＝底の辺」と誤解する子もいるだろう。そのため，教科書では辺BCが天地と平行ではない三角形，ABCの文字を付してない三角形を交えて例題や練習問題としている。しかし，「どの一辺も底辺に見立てることができる」という趣旨の注解は特に加えられていないので，先の誤解が完全には払拭できない子がいるかもしれない。少なくとも，公式を適用する柔軟性に関しては個人差が生じるに違いない。それが上の作図の意図であり，ａが把握できるとする根拠である。なお，底辺がみつからず，考えあぐむ子がいる可能性もあるので，直角のマークを付している。それを手がかりにできるか否かによって柔軟性が問われることになる。「必要なところの長さをはかって」という指示は，「高さ」となる３本の垂線を見出したり，補助線として引いたりすることができるか否かをみるためのものである。「いろいろなやり方で求めてみましょう。」という指示は，応用力の潜在性，可能性を探るためのものである。ｂの「統一力」については，「いろいろなやり方」の合理性，正当性を判定することができているか否かによって，みることができる。したがって，「判定」に迷ったものについては，その旨を記させるようにする。下記の指示「ぎもんに思ったことがある人は……」は，「矛盾を問題化する力」を探るためのものである。

[問題例２]　（小４用）
「1/2と2/3ではどちらが大きいですか。１年生にもわかるように図や絵を使って説明を書いてください。」

本問題の意図について述べる。指導要領は旧来，単位分数の学習を起点としてきた。普遍単位であるℓやmのついた量は一定の大きさを持っているので，

わかりやすいと考えられているからである。また，1を基準とすることで整数，小数との連関がはかりやすいこともその一因である。そうした教育的配慮によって子どもたちは，もとになるものの大きさを同一にするという分数比較の基本条件を意識しなくても済む。しかし，その教育的配慮は，すでに指摘したように裏面で基本条件を無視して分数比較を行う，もとになるものの大きさが違っていても意に介さずに立式してしまうといった弊害を生む可能性がある。分数を適切に応用するには，いうまでもなく先の基本条件を十分に理解しておく必要がある。「1年生にもわかるように」という条件を付けたうえで，図や絵を使った説明を求めると1ℓや1mを用いることができないので，先の基本条件が理解できているか否か判断しやすい。「1年生にも……。」という条件は，bの統一力をみるうえでも有効である。理解内容を順序立てて平易に説明するには，統一的な理解が前提となるからである。さらに同条件は，高度の自己統制を要求する。よって，dの学力を探るうえでも有用である。

　以上，学力のとらえ方について算数のペーパー・テストを例に述べてきたが，他教科の場合には次のようなテスト内容が有効であろう。たとえば，社会科（公民）では対立的な事態を提示し，その克服の方途を論述させることによって論理の統一性をみる。同じく社会科（歴史）では，たとえば平安時代の政争や江戸時代の百姓一揆を現代社会の問題としてとらえ直させたうえで，その解決の方途について論述させる。それによって学習を通して獲得した見方，考え方の応用性をみる。

　理科では日常的な事象，現象について，その発生原因や仕組みを説明させる設問が有効であろう。ただし，その場合には，既習内容を手がかりにしてという趣旨の条件を付すか，既習事項を別記したうえで，その中から必要なものを選ばせて説明に利用するよう求めることも考えられる。

個をとらえる

　見方や考え方を統括する中枢システムともいえる「個の体制」については，

すでに説明した。「個の体制」に迫ることなく子どもを深く理解することはできない。また，学力像を把握する際にも同様のことがいえる。学力は「個の体制」のいわば実働的側面にほかならないからである。

　先に述べた子どもの核心部とは「個の体制」のことである。敢えてそう言い換えたのは，「個の体制」には文字どおり核となる統一性が存在するからである。それは絶えず直面する内外のさまざまな矛盾を克服しつつ，バランスを保ち続けようとする動的な統一性である。よって，一貫性，持続性がありながらも，変化し続けている。子どもの核心部をとらえることが難しい所以はその点にある。だが，困難点はそればかりではない。理解の主体自身の内なる"視点"の拘束から逃れることも，またきわめて難しい。その視点とは，経験的に蓄積している子ども像（心内モデル）である。それはすでに評価が下された子ども像である。すなわち，価値観や好みが色濃く反映されたそれである。人は視点なくして何もとらえられない。つまり，心を白紙の状態にして子どもをとらえることはできない。よって，子どもをありのままにとらえるには，いかにしても介入してくる先入主との戦いを強いられることになるのである。しかも，価値観や好みはその人らしさを支えている大きな要素でもある。よって，保身，自己防衛の気持ちが働いてその戦いは熾烈を究めることになる。

　赤ん坊のナン語（幼児言葉）の真意は親にしかわからない。親は，言葉の一般的用法からは外れた赤ん坊の個性的な言葉使いにも，ある種の一貫性やパターンがあることに気づいているからである。関係の薄い人が，赤ん坊言葉を理解するのは至難の業である。子どもの核心部をとらえる場合もこれと似ている。子どもの言動の真意は，やはり身近な人にしかわかりにくい。しかし，身近な存在であってもわからない，身近な存在だからこそわからないということがあるのも事実だ。この矛盾は一体何を示唆しているのだろうか。それは，身近であるゆえに自分に甘くなって（自己統制が効かなくなって），自らの価値観や好みを正当化し，視点を介してそれを子どもに押し付けてしまうということであろう。同様のことは，教室の中でも起きがちなのではなかろうか。特に教師

が自らを権威的な存在だと自認しているときには，その傾向が顕著に現れてしまう。否，自認してはいなくても役割意識の強い人は，教育者の立場と被教育者の立場を峻別しようとして，いつの間にか自らを権威者の地位に置き，執着していることもある。

　上記のことからも推察されるように子どもの核心部をとらえるには，かかわりを深めるとともに距離と時間をおくことが必要である。ただし，それは必ずしも字義どおりの距離と時間ではない。むしろ心の構えとしてのそれを重視したい。すなわち，「距離」とは先入主ともなる自らの視点でとらえた像をいったん否定する（保留する）ということであり，「時間」とは結論を急いで不明な空白部をむやみに埋めたりはせず，新たな子ども像が結ばれるのをじっくり待つということである。要するに，目前にしているのは子どもの仮の姿なのだということを，決して忘れてはならないのである。とはいえ，それはあくまで前提条件にすぎない。

　子どもの核心部をとらえるための契機は，不意に訪れる。いつもとは違う子どもの姿（言動）に接したとき，はっとして心がさわぐ。それは，思い描いていたその子どもの像が揺れ動いてしまうからである。その動揺は自己否定に通ずる。経験的に蓄積している子ども像（心内モデル）に同一化して子どもをとらえていた安易さ，浅薄さ，自らの価値観や好みに還元して子どもを理解しようとしていた偏狭さがたとえ僅かでもあったことを思い知らせてくれるのである。しかし，自己否定は子どもの核心部をとらえるという目的に照らすならば，明らかに一歩の前進である。なぜなら，主観の修正を重ねていくことでしか，動くもの（子ども）の本質（核心部）には迫りえないからである。先に示した，関係の密なる者にしか赤ん坊言葉の真意が理解できないという事実は，その証しである。

　ところで，前記の「いつもとは違う子どもの姿」との遭遇は，矛盾の出現を意味している。そして，その矛盾は子どもから投げかけられた「解明すべき問題」として受け止めることができる。それは子どもと教師の間で成立した正に

個人的な「問題」である。それは一瞬のうちに成立した切実な学習問題にも似ている。その「問題」こそが，子どもの核心部に迫るための糸口なのである。では，子どもにとってその「問題」は，どのような意味を持つのであろうか。それはあくまで教師にとっての「問題」にすぎないのだろうか。「個の体制」には一貫性，持続性があるといった。それゆえに，私たちは「個の体制」を「性格」や「～らしさ」として一般化してとらえることができる。だとすれば，それに照らして矛盾した側面（「～らしくない姿」）をとらえることも，可能であるはずだ。つまり，教師が「矛盾」としてとらえた子どもの言動は，当の子どもにおいてもやはり矛盾した側面である可能性が高い。

　さて，「問題」を解明するとは，首尾一貫した説明を加えるということである。統一ある解釈を試みるということである。しかし，いかにしても解釈しきれない部分が残ってしまう。人間の奥深さ，複雑さゆえであろう。それは当人においても同じにちがいない。私たちにできるのは，ただ可能性としての仮説を立てることばかりである。だが，その仮説はその子の未来像をも予測させるものではあるまいか。私は先に「個の体制」は変化するともいったが，変化をもたらすもの，すなわち，一貫性，持続性を破るものがその矛盾（「問題」）だと思われるからである。現在像と未来像，その境目で子どもは生きている。日々迷いながら。

　ところで，「いつもとは違う子どもの姿」との遭遇は文字どおりの偶発事だが，意識的にその機会を求めることもできる。場面や状況が異なれば，違った"顔"を見せるのが人の常だからだ。だとすればさらに踏み込んで，子どもたちがさまざまな"顔"を見せるような場面設定や状況作りはできないものだろうか。否，子どもたちの成長（自己変革）を目途する授業実践において，それは自ずと実現しているのである。授業こそが，「いつもとは違う子どもの姿」と遭遇する絶好の場となっているのである。

3　教師は思想家たれ

　過日ある学校で開かれた研究会に講師として出向した際，主催者から「具体的な話をして下さいよ」と前置きされて返す言葉に窮してしまった。実践研究に傾注し，かつ実践者として歩んできた私にとって，その一言が心外だったからである。私事はさておくとして，教育現場からみれば空理空論としか思えないような"学説"を臆面もなく唱える学者，研究者が少なからずいることは否めない。そのこと自体大きな問題だが，先の言葉の裏面には別の重大な問題が潜んでいるように思う。

　「具体的に語れ」，あるいは「具体的なやり方を示せ」という旨の言葉を，学校の研究会等で聞くようになったのは十数年前のことである。価値基準とも訓戒とも受け取れるようなニュアンスを含んでいたので，妙に心に留まった。以後隔地でも，同趣旨の言葉を何度か耳にしたので，それが教育現場の暗黙の通念になっているものと察した。もちろん具体性を重んじることに異論はない。私が危惧するのは，その反面で思想・理論を軽視する傾向が広がっているのではないかということである。

　その兆しが見え始めたのは1980年代のことだと思う。たとえば象徴的な出来事として，それまで研究者が主導的に行っていた方法論研究から離反するように，即効力のある手段・方法の開発と共有化を目途した"運動"が全国レベルで展開されるようになった。その一方で思想性，立場性の鮮明な民間教育研究団体の会員数の減少が側聞されるようになる。90年代以降，抜本的な教育改革への対応に追われる中，教育現場の関心は専ら新案の教材・題材，新式の指導技法へと向けられるようになってくる。その陰で思想・理論離れは一層進む（民間教育研究，運動，組織活動の退潮がそれを物語っている）。

　思想・理論がその地位を次第に失墜していったここ数十年の教育状況を顧みるとき，ある事実をどうしても想起してしまう。それは，70年代に顕在化してきたさまざまな教育問題が80年代，90年代と拡大深刻化の一途をたどっている

ということだ。二つの「傾向」の因果関係はつまびらかではない。しかし，同時的に進行していることから，強い連関が示唆される。

　思想・理論は教育観，人間観と深くかかわっている。思想・理論が貧困であれば，奥行きのある教育ができようはずもない。思想・理論は教育実践を評価するための鏡の役割をも果たす。それが貧弱であれば，実践を通して学ぶことも，子どもから学ぶことも困難になる。具体的であれという。具体的なやり方を示せという。しかし，それ一辺倒では，羅針盤を備えずして大海を航行するに等しいのである。

　あるいは優れた方法をもってすれば，自ずと指導効果が高まるはずだという反論が返ってくるかもしれない。しかし，一般にいわれている指導効果とは，つまるところ子どもを恣意的に操作する効力にほかならないのではないか。よって，少し気を許せば，子どもの人格を度外視した指導となるおそれを孕んでいるのである。そのことは，必要最低限の状況作りをし，子ども自らが動き出すのを辛抱強く待つ方法と対比すれば，瞭然とするであろう。子どもを信頼して待つことを可能にするのは，豊かな人間観と子どもの成長を予測する鋭敏な洞察力である。他方，子どもを恣意的に操作しようとするのは，心のどこかに子どもに対する不信感があるからではないのだろうか。そのことを子どもが察知しないはずはない。だとすれば，日常の教育関係の中に，好むと好まざると相互不信の問題が介在してしまう可能性がある。

　思想・理論離れと教育問題の拡大深刻化との間に，因果関係の存在を私が推断するのは，以上の理由からである。

　ところで私は，思想・理論離れを決して軽挙に因るものとみているわけではない。それどころか，職責を真摯に全うしようとして，結果的に派生した問題であろうと推測している。では，根源的な原因はどこにあるのか。私がとりわけ注視しているのは，学習指導要領において学習指導（学力形成）と生活指導（人間形成）が切り離され，別扱いとなっている点である。そのようにいえば，意外に思われるかもしれない。両者はもとより別次元のものではないのかと。

しかし，社会科の目標である「公民的資質の基礎」，すなわち「社会的事象を公正に判断できる」力，および「社会的なものの見方や考え方」は，社会観，人間観，歴史観，価値観，人生観等と一体のものである。よって，知識を習得させさえすれば目標が実現すると考えるのは，浅見にほかならない。人間形成に響く学力形成をめざさないかぎり，目標は実現しえないのである。

　以上のことは社会科だけでなく，教育課程全般に通じる。生活指導を学習指導の効率化に供するための補助手段として位置づけてきた歴史は改められなければならない。そして，社会科教育の本義を具現するために，教師は思想家，理論家であらねばならない。（拙論「社会科が社会科であるために」（神奈川県藤沢市教育文化センター社会科研究部会授業研究 REPORT No.65所収）より引用）

第2部　実践上のポイント

第1部で問題解決学習の理論を展開したが，本部では主要教科における問題解決学習の実践上のポイントについて論述する。

　問題解決学習に一定の学習形態が存在するわけではない。しかし，新教育課程の施行によって意識変革を求められている人々の関心は，自ずと問題解決学習の実践方法に向かいがちであるように思える。本来的にいえば，問題解決学習が成立したか否かは，外観ではなく目標実現の如何によって判断すべきであろう。とはいえ，方法・形態が目標実現に多大な影響を及ぼすこともまた明白である。そこで，問題解決学習の要件をあげてみたい。その第一は，学習の初期段階で一人ひとりの子どもが自分なりの考えを保持できているということである。また，それが子どもたちの既有の見方，考え方を色濃く反映するものであるということである。これらの要件は，学習問題が一人ひとりの子どもにとって切実なものになっているということと表裏をなす。次なる要件は，子どもたちの考えが揺さぶられ，問い直される状況が確保されているということである。その状況の代表例としては，子どもたちによる意見表明，意見交換がある。ただし，それはあくまでも代表例であり，その他にもさまざまな状況がありうる。すなわち，校外での体験的活動，資料や本との出会い，実験や観察などがその例である。

　さて，上に掲げた要件は各教科に共通するものであるが，すでに指摘したように各教科特有の課題もある。そのことを意識したうえで実践がすすめられなければ，狭小な目標実現に止まるおそれもある。その課題とは，特に社会科では「基礎・基本」をどう位置づけるかということであり，算数・数学では旧来のやり方教育に偏し，意味理解が軽視されてきた点をどう克服するかということである。また，学力格差にどう対応するかという問題もきわめて大きい課題である。本部ではその点も含めて論述する。

　問題解決学習が形態のうえで従来の系統学習と著しく異なっているのは，教師主導ではなく，子どもが授業の主体者となる点であろう。その所以は，見方，

考え方の深化発展，相対化，客観化等が多くの場合，子どもたちの間で行われる考えと考えの照合やぶつかり合いを通して実現することにある。教師が権威的な立場で指導を行う場合は，知識伝達の効率化をはかるべく学習集団としての統制を促そうとするために，そうした発展的なかかわり合いは生起しがたいばかりか，阻害要因と見なされることさえある。ただし，問題解決学習の形態に拘泥するあまり，子どもに発言を強要したり，授業の進行を形式的に子どもに任せたりすれば，むしろ弊害を生むことになってしまう。教師の顔色をうかがう子ども，臆して脱落してしまう子ども，途方に暮れてさまよう子どもを現出させることになりかねないのである。授業の形態，方法は子どもたち一人ひとりの情況（性格や必要感やすでに身についている学習姿勢など）を考慮して決定し，調整してゆく必要がある。

　別の角度からいえば，問題解決学習は"教える教育"から"育てる教育"への変革を要する。主体的な学習者を育てることは，問題解決学習の実践の基底をなすともいえるのである。そして同時に，それは究極の目標でもある。ゆえに，問題解決学習の実践において教師は，絶えず自己否定を迫られることになるのである。教師でありつつも，教師であることを忘れねばならないことも起こりうるのである。

第3章　社会科の実践

　現代の子どもたちは，概して社会に無関心である。それは，もしかすると「子ども」と「大人」を峻別するわが国の伝統文化と経済的豊かさと少子化が相まって，子どもが"勉強さえしていれば，あとは何もしなくていい"特別優待を受ける存在に祭り上げられていった結果ではないだろうか。いずれにしても，子どもたちは社会の荒波を直接その身に受けなくても済む分，社会的成長の機会を著しく制限されているように思われる。そのような子どもたちにとって，社会は抽象的な存在でしかなく，場合によってはvirtual reality（仮想現実）に等しいのかもしれない。

　今日，少年犯罪は増加の一途をたどっているが，元を質せば，社会的未成熟さが原因していると思われるケースが少なくない。そして，当人の罪意識の乏しさに驚かされることもしばしばである。これは極端な例だが，子どもたちの社会的成長阻害は今や社会問題ともいえる。非行に走らないとしても，社会を厭い，社会適応に消極的で，ひいては非社会化，脱社会化してゆく子どもたちが増え続けているように思われるからである。

　社会科は子どもたちの社会性を培うために生まれた。だからこそ，昭和22,26年指導要領による初期社会科では，子どもたちが社会に目を向け，社会の問題を自分たちの学習問題としてとらえ直す問題解決学習が取り入れられた。社会科は子どもたちが社会人としてどう生きるか，社会のために自らをどう活かすかを学ぶための教科であるといってもよかった。したがって，社会科は他の教科で学んだことを統合し，働かせるための中核（core コア）として位置づけられていた。

　昭和33年の指導要領の改訂で系統学習に変更されると，社会科はその本来の

性格と位置を失い，やがて暗記教科へと堕していった。そして，今日ようやくにして社会科復権の兆しがみえてきた。しかし，完全な復権までには，いくつかの難問を解決しなくてはならない。その最たるものが，先に記した子どもたちの社会に対する無関心の問題である。その意味で，社会科実践が実りあるものになるかどうかは，切実な学習問題が成立するか否かにかかっているといっても過言ではあるまい。

　切実な学習問題が成立する可能性は，人々の思いや考えが具体的な形で子どもたちに伝わることによって，より大きく開かれる。人への共感，あるいは反発心が伴うことで，人々がかかえている問題を自分の問題としてとらえようという意識が喚起されるからだ。また，自分とのかかわりを見出したとき，子どもたちは切実感を抱くようになる可能性が大きい。とはいえ，地域素材であれば自ずと切実感が生まれるはずだと考えるのは早計であろう。日頃見慣れた生活環境は，いわば絵画の背景でしかなく，新鮮味に乏しいこともまた事実なのである。鍵となるのは，自らの生活の見直しにつながるような地域（社会）との接点を子どもたちが見出すか否かであろう。この点については「地理」の項で補足する。

　加えていえば，人と人，集団と人，集団と集団の関係性がわかると，共感が生まれ，そこに内在する問題を自分に引き寄せて考える可能性が高くなる。同様のことが，システムや社会体制と人々の関係がみえてきた場合についてもいえる。

　ところで，子どもたちの心を揺さぶるような刺激的，衝撃的な資料等を提示したとしても，案外期待を裏切られることが多い。情緒面に訴えるだけでは，知的追究のエネルギーは湧いてこないのである。功を急ぐよりむしろ，知的追究の下地作りを行うことの方が優先課題であろう。すなわち，新聞や雑誌のスクラップをプリントして，それに対する意見交換をしたり，感想を言い合ったりする時間を適宜にとるといった日頃からの指導が，後に実を結ぶことになるのである。

ここで教科書の位置づけについて、ふれておきたい。小、中学校指導要領の総則では、体験的な学習や問題解決的な学習の重視が謳われている。各社の教科書の内容構成は概ねこの趣旨に沿うものとなっている。しかも、概して読み物としても興味深く、情報量も豊富で資料集としての有用性も高い。しかし、実用上の問題点も内在している。第一に、各単元の内容が並列的で、連関性が低いということがあげられる。この傾向は特に中学の地理的分野で著しく、教科書どおりに授業をすすめていくとその場かぎりの平板で表面的な学習に終始したり、暗記学習に陥ったりするおそれがある。授業時間数が少ない中で、教科書の内容を一通り慌ただしくこなすという姿勢が前面に出た場合、そのおそれはさらに大きくなる。第二に、学習活動例や学習問題例が随所に登場し、問題解決学習への方向づけが明確な形でなされているが、その一方で特に中学の場合ページごとに数個の「基礎・基本」が配置されており、子どもの自主性や興味関心にもとづく学習を強く制約しているという矛盾がある。第三に、上記の方向づけはいうまでもなく「例示」にすぎないが、内容構成との関係で事実上の拘束性を有しており、子どもたちの主体性を阻害するおそれがある。

以上の問題点は問題解決学習をすすめるうえでの大きなマイナス要因となるばかりか、学力、および学習意欲の低下を招来する可能性もある。したがって、何らかの対応策を講じる必要がある。その一つとして、まず学力の精選をあげたい。学力の精選とは、ある特定の種類の学力だけを重視するということではない。思考力、創造力といった統合力の高い学力の養成をはかることによって、保持している知識や資料活用力といったいわば手段的な学力が、より活力に満ちたものになるようにするということである。そのような意味での学力の精選は、問題解決学習によって自ずと実現するはずだ。別の角度からいえば、問題解決学習を通して形成される学力は物事を有機的に関係づけてゆく力を具備しているので、教科書の内容理解を容易にするとともに、資料の内容等も含めた新たな系統化や意味づけや再構成をも可能にするということである。よって、教科書は参考書の一つとして位置づけることも、学習したことを便宜的に整理

するための目安とすることも，学習の発展をはかるための糸口として活用することもできるのである。

　次なる対応策としては，複数の単元を統合した形で学習する方法がある。いわば合単元学習である。小学校の教科書ではもとより地理的，歴史的，公民的分野の各内容が複合的に扱われる傾向にあるので，合単元化や合領域化は容易であり，むしろ自然でもあるだろう。中学校の教科書の場合，「公民」では3分野の内容が複合しているので，合単元化，合領域化が自ずと実現しやすかろう。しかし，「歴史」では現代から先代へ逆上ることによって，あるいは現代と比較しつつ先代についての学習をすすめることによって，ある程度意図的に統合をはかることが必要となる。「地理」についても，自然地理的な単元と人文地理的な単元の統合を計画的にはかる必要がある。表面的な学習にとどまる可能性が比較的大きい自然地理の分野では，特にそれがいえるだろう。

　さらなる対応策としては，学習問題の工夫が上げられる。教科書に例示されている学習問題は「基礎・基本」学習への方向づけの意図を少なからず含んでいるので，先に述べたような制約があり，学習の狭小化が避けがたい。ひいては，問題から問題へと深化発展していく問題解決学習本来の持ち味が損なわれてしまうおそれがある。よって，教科書の内容やその配列にとらわれない自由さとスケールを確保すべく学習問題が設定されねばならない。その例は次項にて示す。

　社会科の問題解決学習をすすめる際に配慮すべき点として，次のことを付記しておきたい。それは，授業における子どもたち相互のかかわりもまた，社会性の育成に大きく寄与するということである。学級が一つの小社会であることは言をまたない。ゆえに，子どもたちが自らの考えや思いを表明し，交換し合うこと自体が有意義な社会経験となりうるのである。すなわち，相互的交渉の中で考えの客観性を高めたり，意見の説得力を増したり，考えや思いが対立したり，共感し合ったりするという経験は，実社会における経験と何ら違わない。しかも，問題解決学習は一人ひとりの子どもが自分なりの考えや思いを持つと

ころから始まるので切実感と責任が伴い，常に自分をかけた学習が展開されるとともに，自分のあり方が問い直されることにもなる。そのことが学習の意義を一層高めるのである。よって，社会科の問題解決学習ではその事実を常に視野に入れ，有効に活用する道を探る必要がある。

ところで，問題解決学習ではしばしば話し合いや討論が取り入れられる。問題解決学習の先進校では特にその傾向が強いので，あたかもそれが問題解決学習固有の形態であるかのごとくみられることもあるようだ。しかし，肝要なのは，授業が子どもたちの社会性を培ううえで好適な場になりえているかどうかである。形態や方法は子どもたちの情況に応じて選定し，創造するべきである。たとえば，自分の考えや思いを表明することに消極的なクラスの情況があったとしよう。その背景には，そうした経験が乏しく戸惑いがあるといった案外単純な理由が横たわっていることも多い。あるいは，相互の信頼関係が未形成であったり，人間関係を阻害するような要因が介在しているといった場合もある。いずれにしても，発言の強制や催促はマイナスに作用することも少なくない。その一つは，教師の顔色をうかがい，教師の意に適うような発言をする子どもたちを作り出す可能性があるということだ。他には，発言者が偏り，そのまま固定してしまうといったことも起こりうる。

考えや思いが本心に根ざしたものであればあるほど，他者からそれがどう受けとめられるか誰しも気になるものだ。裏を返せば，発言の躊躇は本音で臨んでいる証しともいえるのである。そのことを前向きにとらえるなら，発言という行為自体を格別に価値づけるべき所以はなくなる。

発言に勝るとも劣らないほどの有意性を含んでいるのが，意見や感想を書き記すカードである。そうした類いのカードやメモはすでに広く使われているので新味に欠けるが，使い方（位置づけ方）しだいでその有意性は幾重にも多元化してゆく。自己表現の手段としての意義が大きいことはいうまでもない。それはとりもなおさず考えや気持ちの整理，統一にもつながる。よって，発言を促進することにもなる。カードを回収して学習情況を把握することはもちろん

だが，それをもとに次の授業計画を作成することもできる。そうすることによって，より子どもたちに即した授業を展開することが可能になる。カードにコメントを付けて返却すれば，個的な対話が成立し，子どもとの教育関係をより密なものにすることができる。さらには全員分のカードをプリントし，次の授業の始めに配布するという使い方もできる。この方法の利点は，前時の授業の振り返りができるので，学習意識の連続性が確保されること，クラス全員の意見や感想が一覧できるので，各自が自らの意見，感想の位置関係や意義を確認できること，および参加意識が高められることなどである。なお，後半の二つの利点は，人間形成の面でも少なからず好影響を及ぼすことであろう。

以上のような利点を現実のものにするには，まず心置きなく書けるような状況作りを行う必要がある。たとえば，書かれた内容が無条件的に尊重されるということがあげられる。別角度からいえば，どんなことを書くかは，あくまで本人の判断に委ねるという踏み込みを要するのである。

さて，次節からは実践方法のポイントについて述べるが，便宜上4つの領域に区分して展開する。小学校3,4年の社会科は総合的であり，体験活動を多く取り入れる傾向にあるので，一領域として扱う。小学校5,6年の社会科は中学校の社会科と通有性，連続性があるので，地理的領域，歴史的領域，公民的領域の節で一括して扱う。

1　小学校中学年の社会科

小学校3,4年の社会科は地域社会についての理解を深めるとともに，その一員としての自覚を養うことを主眼としている。内容は総合的，合科目的であり，学習方法としては体験活動が重視されている。その点で中学年社会科は生活科の延長線上にあると同時に，知的学習の比重を徐々に増していく移行期的な役割をも担っていると考えられる。したがって，究極的には子どもたちが知的追究を通して自らの生活，および生活域を見直すことになるような，さらに

は社会参加の糸口を見出すことになるような実践をめざすべきであろう。

　ところで，活動を主体とした学習では，子どもの目的意識，問題意識が定かであるか否かによって学習成果が大きく左右される。しかし，外見上はその如何が判然としにくいので，活動に取り組んでさえいれば学習が成立しているものと速断してしまう恐れがある。こうした速断が誘発される背景には，指導要領で体験重視が謳われていることがあると思う。かつて生活科が新設された際，主導的立場にある権威者たちは「活動は目標であり，内容であるとともに方法でもある」という一体説を盛んに唱えていた。活動それ自体に教育的価値（教育力）があるという過剰信頼を教育現場にもたらした責任の大半は，この言説にあると思われる。指導要領の改訂で体験的な学習の重視が各教科共通の課題とされた今日，活動の教育的価値への過信はさらに拡大し，浸透しているように感じられる。特に生活，社会，理科，総合において。

　活動の教育的価値（教育力）への過剰信頼がもたらす問題点は，学習指導計画が単なる活動計画となり，その一方で子どもにとっての学習の意義が等閑視されるようになることにある。それに伴い，学習活動に対する評価もまた表面的なものになる可能性が大きい。すなわち，活動に意欲的に取り組んだかどうか，活動を首尾よく実行できたかどうかといった活動目標を視点とした評価が常態化する傾向を生じる（現にそうなっているように思われる）。また，実践上の問題点としては，活動が"こなすための課題"と化して，子どもたちのものの見方や考え方を深化発展させる原動力となりえないことがあげられると思う。あからさまにいえば，やらされているだけの活動の横行である。そのような情況下では，学習の意味が見出せずにさまよい，脱落してゆく子が続出するおそれさえある。

　体験的活動の意義は次のことにあると私は考える。一つは，思い込みや決めつけや偏見，あるいは表面的理解の覆しである。これは固定した見方，考え方を揺さぶり，破ることにつながり，追究の糸口を生むことになる。しかも，さまざまな要素が混交するので，いくつもの追究の糸口が生じる可能性がある。

また，自己否定を伴うために，切実感のある追究になる場合が少なくない。さらに，体験的活動は後の知的追究の拠点ともなりうる。体験は情緒面に訴える力が大きく，エネルギーを蔵した強固な拠り所となりうるのである。加えて，活動においてはどの子も，自分の考えや思いを持つことができるというメリットがある。学力格差が出にくいばかりか，活躍する子の顔ぶれが一変することもある。

　体験的活動の消極面についても触れておこう。一般にメリットは同時にディメリットともなりうるが，活動のメリットである多様な追究を生み出すという特性は，興味関心が次々と移ろい，追究が拡散しやすいというディメリットへと転じる可能性がある。特に目的意識や問題意識が希薄な場合は，そうしたディメリットの面ばかりが顕在化することになりがちだ。また，見方，考え方が揺さぶられ驚きや疑念が生じたとしても，知的追究のバックアップがなければ，一時的な気持ちの高ぶりに終わってしまうこともある。以上のことからすれば，前掲の生活科における目標・内容・方法一体説が，活動への全面依存を後押しする軽率な空論であることは言をまたない。

　活動の特性を生かすためには，それをフォローする構えと状況の整備が必要である。たとえば，子どもの興味関心や問題意識の変化を折りにふれ，時宜をはかりつつ把握するように努めたい。もっともそれは決して容易なことではないが，先述した意見，感想メモは自己評価にも通じており，子どもの心の動きを知るための有力な手がかりとなりうる。また，いうまでもないが，子どたちの言動のちょっとした変化にも敏感でありたい。状況の整備については，たとえば，興味を同じくしている子ども同士が交流したり，協力したりする機会を作ること，あるいは，意見交換，情報交換の場を適宜設けることなど"かかわり"の促進が中心となる。

　自己変革（見方，考え方の変革）の契機を豊富に潜在させている活動は，問題解決学習にふさわしいといえよう。ただし，問題自体が深化発展していく問題解決学習の本質に即応する活動としては，連続性，発展性を備えていること

が望ましい。

次に，主な学習内容について問題解決学習の成立，発展の例を示す。

地域調べ

「地域調べ」（仮の略称）は，ともすると目的意識が希薄な状態で臨む形だけの学習になりやすい。子どもたちには生活域を地域という枠組みでとらえ直す必要感が，そもそも存在しないに等しいからだ。子どもたちにとって生活域はいわば絵画の背景でしかなく，子どもたちの心の眼には自分にとってゆかりのある特別な場所や人だけが点景としてみえているにすぎないのではなかろうか。したがって，たとえ生活域を地図に表したとしても，意味とまとまりのある地域として再認識される可能性は薄い。

では，子どもたちはどのようなプロセスを経て，「地域調べ」に明確な目的意識を持つようになるだろうか。ある教師は，「地域調べ」の前段階として，子どもたちに学区域を流れる大河の水を採取させた。次に，教室に持参させた小ビンの中の水をじっくり観察させた。子どもたちは水がかなり汚れていることを実感したが，ほどなく教師は日々利用している水道の水源がその河であることを知らせる。子どもたちは驚き，ショックを受けたという。その後，子どもたちの水道水に対する見方（態度）が大きく変化する。自宅の水道水の臭いを嗅ぐなど水の質をしきりに吟味するようになったという。（ここまでは実践例だが，それ以降学習がどう発展しうるか想定してみよう。）

次のステップとしては，河水の汚染の原因を子どもたちに予想させたうえで，専門家による水質の科学的な分析結果を参照させたい。もちろん資料の内容を子どもたちが直接的に理解することは困難なので，教師による解説を要する。こうしたステップを置くのは，汚染の実態を知的に裏付けることによって問題の明確化をはかるためである。また，追究が情緒に左右され，成行き任せになるのを防ぐためでもある。資料には汚染の原因として農薬，工場排水，生活排水等があげられていることであろう。以上の学習過程で成立が見込まれる学習

問題は,「水道の水は本当に安全か」である。これは子どもたち自身および家族の健康と密接に関係しており,切実な問題となるであろう。また,この学習問題は浄水場,下水処理施設の見学など新たな学習活動へ発展していく可能性を秘めている。もし,それが実現すれば,そこで働く人々の姿に接することができるだけでなく,彼らの考えや思いを聞く機会にも恵まれることになる。それによって人々の暮らしを保全するための工夫や努力を見聞することができるほか,地域の土地利用の状況や産業に関する事柄,地域の人の生活事情に関する情報も得ることができるであろう。こうして子どもたちは,新たな視点と問題意識にもとづいて直接,間接に地域のことについて再認識,再発見することになるのである。因にいえば,ここからさらに環境問題の学習へと発展していく可能性も大きい。

　上記の学習過程では,別の学習問題が成立する見込みもある。それは「汚れた水はどのようにして川に流れ込むのか」という問題である。これもまた切実な問題であることは,先の場合と同様である。「汚れた水」の経路を見届けるうえでは,対象を農業用水にしぼると好都合であろう。なお,ここでも農薬による具体的な健康被害,土壌汚染等についての初歩的な知識を得ておくことが望まれる。それは問題の明確化をはかるためであるが,加えて食物（食品）の安全性に関心が向くことで「安全なくらし」,「買い物調べ」といった他の単元との統合,発展が可能になるからだ。

　さて,用水路の調査活動は農作物の種類の問題へと進展していくことが予想される。すなわち,どこの農地でどんな作物が育てられているのか,作物によって使用される農薬の種類や量は違うのかといった問題である。こうした問題の追究が,地域の生産活動に関する学習の拠り所となることはいうまでもない。

　以上の学習過程をもとに,実践の要点について論及する。ある実践から引いた導入部分はやや作為的な感じを受けるが,子どもたちの盲点を衝くことになったのは確かだ。その意味では,子どもたち自身から発した追究の糸口に等しいともいえよう。水道水に対する安心感が破られ,思いもよらぬ問題に直面し

た子どもたちは、安全性の真偽と背景を探るべく追究を開始する。それ以降の学習展開は、子どもたちの衝撃的な事実との出会いを原点とする一貫性のある流れとして想定した。

　学習問題自体が発展を遂げていくのは問題解決学習の特性であるが、そのことゆえに子どもたちは新たな事実と情報（知識）を主体的に位置づけ、関係づけ、意味づけていく。また、学習の発展に伴い、質や次元の異なる問題が交錯し、重層化していくことになる。それは地域についての多義的、多面的なとらえ、立体的、構造的な理解につながる。こうした問題解決学習の長所を生かし、支えるためには、単元の境界を超越する合単元の発想が必要である。否、系統的に物事を考える力の育成をはかるためにも、その発想が不可欠である。因にいえば、上述の学習過程は複数の単元に及んでいるが、不自然さは見当たらないと思う。なお、合単元化をはかるときには、授業計画の練り直しを見込まなくてはならない。あわせて、各単元の内容の学習順序、組み合わせ等についても重ねて修正を行う必要がある。

地域の人々の生活

　指導要領の「内容」には(5)として「地域の人々の生活について、次のことを見学、調査したり年表にまとめたりして調べ、人々の生活の変化や人々の願い、地域の人々の生活の向上に尽くした先人の働きや苦心を考えるようにする。ア　古くから残る暮らしにかかわる道具、それらを使っていたころの暮らしの様子　イ　地域に残る文化財や年中行事　ウ　地域の発展に尽くした先人の具体的事例」と記されている。こうした、子どもたちの生活とは時間的な隔たりのある学習内容の場合、導入の段階で、たとえばアの「道具」やイの「文化財」を実際に目に触れさせたとしても、さまざまな情感の入り交じった印象が後に残るだけで、学習を深めていく契機にはなりにくい。それらは確かに現存する"昔"であり、その意味では今と昔を結ぶ接点である。また、具体物のアピール度が高いことも事実である。しかし、子どもの生活から切り離された「接

点」は心理的な距離があり過ぎるために結局は断片でしかなく，時間を超越する媒介物にはなりえないのである。子どもたちが今と昔の間を行き来するには，子どもたちの生活と昔の人々の生活に"重なり"のあることが欠かせない条件となる。そうした時間の掛け橋となるような"重なり"とは，昔の人々への共感（思い遣る気持ち）にほかならない。次いでいえば，共感が生まれるまでの過程は，下記のような段階として仮設することができる。日常生活に紛れて無縁の遺物と化している物事に目を向ける機会がある。それについて情報を得，知見を徐々に深めていく。「知る」ことによって生じるささやかな疑問を育て伸展させていく。

　以上のような授業展開は，旧来のそれと識別し難いであろう。そこで，少しく補足しておく。「道具」や「文化財」は昔の人々の思い（願い，苦心，不安，信仰心など）への共感を育むためのきっかけ，手がかりとして活用すべきであろう。また，共感を育む過程ではあわせて，イメージする力を養いたい。それなくして共感は生まれないからである。だとすれば，得られる情報（知識）が不足気味であっても，何ら差し支えないばかりか，むしろ望ましいともいえる。子どもたちが幾ばくかの情報を得たところで，思いをめぐらすための間を確保することこそが必要なのである。続いて，上述の趣旨に沿った実践を想定し，例示したい。なお，導入部分については，ある実践を参考にした。

　それは「地域調べ」の一環として出発した活動である。あるグループの子どもたちが興味を持ち，調べてみたいと考えたのは地域の"お地蔵様"であった。各人が得た情報を頼りに調べ歩いて，略地図に地蔵のありかを記入した。また，子どもたちにとっては未知なる存在であった道祖神の所在についても聞くことができたので，そのありかも同じ略地図に記入した。両者の数は子どもたちを少なからず驚かせた。そして，子どもたちが共通に抱いた疑問は「なぜこんなに地蔵や道祖神があるのか」ということであった。これ以降の展開を想定する。この段階で，「疑問」の答を予想するための時間をとりたい。話し合いの形にすると，互いに触発し合うことになるので予想が多様化するとともに，新たに

調べるべき問題も提起されやすい。子どもたちの予想の中で特に肝要なのは，昔の人々の思いに関するものである。なおいえば，予想される「思い」の中身が抽象レベルを越え，何に対する誰のどんな思い（願いや心配）なのかという具体レベルにまで及ぶのを待ちたい。昔の人々への共感は，子どもたちの予想がそのレベルに達したとき初めて生まれる可能性が高いからだ。

　次の課題は「予想したことを確かめよう」になるであろう。聞き取り調査の対象は地域の古老たちであるが，いつ誰が地蔵や道祖神を設置したのかといった史実に詳しい人は皆無に等しかろう。そこで子どもたちは壁に突き当たってしまう。しかし，昔の人にとって地蔵や道祖神と同様の存在であった寺や神社に行けば，何らかの有力な情報が得られるのではないかと考えつくまでにはそれほどの時間を要すまい。そしてもし，住職や宮司から話を聞く便宜があれば，地蔵や道祖神に関することは期待どおりにというわけにはゆかないにしても，望外のいろいろな情報（知識）を得ることになるであろう。たとえば，病気や災難が昔の人々の大きな心配事であり，無病息災を切願していたことはもちろん，信心深い人が多かったということ，あるいは，寺や神社が仏事，神事を行う場所であるばかりでなく，地域の人々の心の拠り所であり，社会教育機関にも相当するような役割を担っていたということなど。さらには，寺，神社の社会的な役割の変遷についても。聞き取りを終えた段階で，子どもたちの視野は一気に広がり，開かれることであろう。ひいては，現今の地域の情況と比較してみたいと思うようになるかもしれない。というのも，昔の地域の人々の方が心情が豊かで，結びつきも強く，地域としてのまとまりも良かったように察せられるであろうからだ。ここからは一転して公民的分野の学習に入ることもできる。もしそうなれば，新たな視点を得たことで，学習は充実するであろう。

　実践の想定は以上で終わりだが，このような学習展開は学習材に恵まれた学区にのみ適合する特殊な例ではないかという疑問が生じるかもしれない。寺や神社はともかく，地蔵や道祖神のある地域は限られることから。しかし，調査区域を拡大するという方法，あるいは寺や神社の調査活動から入るという方法

もある。なお，後者の場合はあらかじめ簡明な地図で寺社の位置と数を調べておくと，調査活動の意欲や問題意識が一層喚起されるであろう。

買い物調べ

指導要領は「販売を取り上げる場合には消費者としての工夫について」触れるよう求めている。これは，今日的課題である消費者教育の考え方を取り入れたものであろう。時代の趨勢からしてもそれは順当な対応であり，積極的な意味を含んでいることは確かだ。しかし，一方で次のような疑問が湧いてくる。上手な買い物のし方は日常生活の中で十分学べるのではないか。"賢い消費者"の育成は本来家庭教育が担うべき課題ではないのかといった。また，実践上の疑問もある。3，4年生にとって「消費者の工夫」は必要感の薄い学習内容ではないか。どの品物はどこのスーパーで買うのが得かといった余りに現実的な問題追究になってしまうのではないか。スーパーのチラシを見てから買い物に行く方がいいというような下世話なレベルの結論に行き着く授業展開になりやしないか等の。

実利的，合理的な買い物のし方を学ぶことが究極の目標だとすれば，上述のような疑念が生じるのは当然であろう。社会科の目標は他の目標と有機的に連関するものでなくてはならないし，発展性を備えたものでなければならない。では，そうした条件を満たすのは，どのような授業であろうか。想定授業として例を示すことにしたい。

スーパーマーケットへ見学（調査）に行くところから入ることにしよう。初回の見学はあえて目的を限定せずに臨ませる。個性あふれる素朴な気づきや疑問は，心が解放された状態でこそ生まれてくるからである。なお，気がついたことや驚いたこと，あるいは疑問に思ったことをメモしておくよう指示する。そこには学習問題の成立につながる数多くの糸口が含まれているであろうからだ。

子どもたちの気づきや疑問の中で，先の条件に適うものを仮想する。たとえ

ば,「(食品のパックのラベルに)産地名が書いてあるものとそうでないものがある。なぜわざわざ産地が書いてあるのか。」という気づき,疑問が生じたとしよう。これがもし学習問題となった場合には,次のような発展が見込まれる。子どもたちは,問題の答として「産地を書くとお客さんが,選びやすいから」,「どこの産地のものがおいしいか,お客さんが知っているから」,「産地がわかるとお客さんが安心するから」といった予想をすることであろう。そこからは新たに次のような課題が生まれる。「予想したことが本当かどうか確かめよう」,「(食品の)種類別に人気のある産地を調べてみたい」という。前者については家人に尋ねる子どもが多いであろうが,その際には産地にこだわる理由の詳しい説明が加えられることだろう。その説明の中には,買い物をする時の工夫が含まれているであろう。子どもたちは,興味をもって家人の話に聞き入るにちがいない。後者については家人に尋ねるほか,スーパーマーケットで再度尋ねる,図書館で調べるといった方途が考えられる。それはさらに産地の特性に関する学習へと発展する可能性を有している。

　「賞味期限を過ぎた食べ物は,もう食べられないのか」,「品質保持期限と賞味期限はどう違うのか」,「スーパーでは賞味期限を過ぎた(売れ残った)食べ物はどうしているのか」といった疑問が生じるとしよう。前二者は追究を深めていくと,食物の安全性の問題へ進展していくことはいうまでもない。また,3つ目の疑問にもとづく追究では,食物の廃棄処分に不合理を感じて異議を唱える子どもが出てくることであろう。そのことが新たな学習問題になったとすれば,どんな形で決着するにせよ,5年生の単元である食糧生産の学習に引き継がれていく可能性が大きい。

　こんな疑問を抱く子どももいるだろう。「出入り口の近くに一本30円の大根がたくさん積んであったけど,儲けはあるんだろうか」スーパーの責任者に尋ねれば,この疑問はすぐに解明される。しかし,まず子どもたちに答を予想させたい。その価格には客足を伸ばすための,ひいては同業者との熾烈な競争に勝つための巧妙なねらいが隠されている。そうしたやや高度な問題について学

習するには，そのための下地を作っておく必要があるからだ。

ところで，もし以上の学習例のすべてに取り組むことができたとすれば，次のような利点が生まれる。それは生産，販売，消費（購買）に関する単元の内容を，生産者，販売者，消費者の三者関係において考えることが可能になるということである。生産，販売，消費は相対的な関係の中で成立しているので，それらを別個の問題として扱うことは避け，本来の姿のままにとらえさせたい。

スーパーマーケットの見学（調査）で生じる疑問としては，他に過剰包装や農薬，保存料に関するものなどがあげられるが，いずれも切実な学習問題となりうるであろう。

2 地理的領域

地理は長年来，暗記科目の代表格と目されてきた。その背景には，少しでも深入りすると途端に公民か歴史の領分に立ち入ってしまうことになるので，絶えず自己制御して広く浅くに徹するしかないという是非もない事情があったと思う。もちろん原因は他にもあるはずだ。しかし，暗記学習からの脱却をはかるうえで，その困難点の克服がきわめて重要な課題であることは，確かであろう。

中学校指導要領には「地域の特色や変化をとらえるに当たっては，歴史的分野との連携を踏まえ，歴史的背景に留意して地域的特色を追究するよう工夫するとともに，公民的分野との関連にも配慮すること。」（「内容の取り扱い」(2)イ）と記されている。これは地理，歴史，公民を総合的に学習させる必要性を説いたものだが，同時に上述の問題点を改善する意図を含んでいるものと察せられる。しかし，一方で「世界の国々の中から幾つかの国を取り上げ，地理的事象を見いだして追究し，地域的特色をとらえさせるとともに，国家規模の地域的特色をとらえる視点や方法を身に付けさせる。」（「内容」(2) ウ 世界の国々）に代表されるように随所で視点の限定が行われ，総合化の壁となっている。あ

る国の地理的事象について学習したとしても，その国について知ったことには到底なりえない。外国（世界）について学習する限られた機会を生かすためには，総合化を積極的にすすめるべきであろう。また，上の一節からもうかがえるように取り上げる地域の任意化によって内容の精選がはかられている。しかし，地域を特定する理由（問題意識）の如何が不問に付されているために，従来の授業パターン（"広く浅く"）が踏襲される余地を残している。現に地理の授業が一変したという声は，どこからも聞こえてこない。

地理科は地理学に準じて人文地理の分野と自然地理の分野に大別されている。前者はもとより公民，歴史と深く関連しているので学習問題が深化発展すれば自ずと総合化してゆく道が開かれている。しかし，後者は文字どおり自然を特定の視点でとらえた知識群を学習内容としているので，意識的に分野の枠を越えていく必要がある。

地理の学習内容には次のような見過ごしやすい問題点もある。それは，「特色」という言葉に象徴される差異性に偏重した記述のし方である。対して同一性・近似性に着目した記述は著しく後退している。表立った性状や状況を特定の基準や尺度で把握し，類型化，系統化するという地理学的アプローチの特徴を受けて，「特色」が強調されるのは当然だともいえる。だが，教育内容としてみるならば，「特色」への偏重は次のような弊害を招くおそれがある。すなわち，「特色」を即座に本質もしくは実相と同一視してしまうことによる偏見や決めつけ，それに起因する安易な価値判断の誘発である。さらには，表面的，断片的な理解にとどまることによる主情的判断（情緒的な判断）の誘起である。

地理，特に世界地理は国際理解教育の土台にも相当する。ところで，国際理解とは外国をどのように理解することをいうのであろうか。日本との違いを認めたうえで，その差異に対して寛容になるということを意味しているのであろうか。もしそうだとすれば，寛容さを支えるのは同情心や忍耐心だということになるであろう。しかし，それは一方向的な関係づくりであって，差異は溝を意味することにしかならない。また，溝はいつまでも存在し続けることになっ

てしまう。互いに共感し，学び合える（自己変革してゆく）ような関係を結ぶことが，国際理解の真義ではないのだろうか。それならば，むしろ同一性・近似性の発見こそが関係づくりの基盤となるはずだ。ただし，ここにいう同一性・近似性の発見とは，表面的な意味でのそれではない。形こそ違え，同様の経験を共有しているということへの気づきを指す。異郷の人が問題解決に取り組んでいる姿に自分を投影するということを指している。そうした共通基盤がなければ，学び合う関係は成立しえない。

　かくして，国際理解教育は彼我の表面的な差異の認識を目標とするのではなく，差異の背後にある同一性に迫ることを目標とすべきであろう。同じことが，地理学習の目標についてもいえるのではなかろうか。

　以上，旧来の地理教育の問題点を指摘し，検討を加えてきたが，次にその克服の方途を示したい。なお，それは問題解決学習の実践の要点と重なる。

四季のある地域とない地域

　地図帳で世界の国々や大陸全体や日本全体が一覧できるページを開いて眺めているだけでも，いろいろな発見があったりさまざまな疑問が湧いてきたりする。最初の授業では，そのような発見や疑問を話題にしたり，答が予想できそうな疑問については解決を試みたりして地理学習の導入をはかる方法がある。その目的は，知らないことがたくさんあるという気づきを促すとともに，素朴な疑問も解明しようと思えばできるという感触を持たせることにある。

　本格的な追究に入る最初の学習問題として「四季のある地域とない地域があるのはなぜか」をあげてみたい。これは学習の深化発展の糸口となりうる問題である。そのプロセスを描いてみよう。この問題に対しては，レベルや厳密さを問わなければ，どの子も答の予想をすることができるであろう。たとえば，赤道付近は一年中夏で極地は一年中冬だけど，それ以外の地域であれば四季があるはずだというように。そのこと自体に小さからぬ利点（全員参加の実現，授業の基盤となる共通認識の成立等）があるが，さらなる利点は先の問題が簡

単に解明できそうで実はそうではないことにある。さて，厳密さを求める子どもは，四季が生じる理由として地軸の傾きの問題を提起することであろう。ただし，それは理科で扱う問題であり，しかも上級学年の内容であるために戸惑う子どもも少なからずいるにちがいない。たとえそうだとしても，現象の背後には確たる理由が存在するという事実に直面する意義は大きい（合科学習による深さの確保による）。ところで，地軸の傾きの問題を拠り所に四季の生じる理由を説明したとしても，疑問は容易に解消しない。それどころか，疑問は増える一方であろう。日本は四季の別が明確な国であるが，それは日本が位置する緯度によっている。ところが，同じような緯度に位置する国であっても日本とは様相を全く異にする国々が存在するからである。イラクやアフガニスタンがまさにそれだ。また，子どもたちが知っているであろうイタリアやスペインの風景と日本のそれとは，決して似ているとはいえない。さらには，ロンドンの街行く人々の服装は東京のそれとさほど変わらないにもかかわらず，イギリスが北海道よりもさらに北に位置しているという事実は子どもたちをさぞ驚かせることであろう。そして，赤道付近（熱帯地方）にも雨季と乾季の別などがあるという知見から，太陽は常に赤道上を通っているわけではないのではないかという疑いが生まれてくるかもしれない。こうして子どもたちは，各国，各地域の気候を特徴づけている要素，要因はいろいろとありそうだという予測を持つことになるのである。その一つ一つを明らかにしていくとすれば，追究はどこまでも深化し発展する。よって，単元の学習内容との関係でいえば，そのすべてを関連的に学習することも可能である。いずれにしても，経験的に知っている各国，各地域のイメージと気候の特徴とが重なりを持つようになってくれば，知的追究の意義とおもしろさが子どもたちに実感されるのではないだろうか。

地震の国日本

自然地理の主な内容である地勢に関する学習は，とりわけ暗記学習に陥る傾

向が著しかった。人間の営為とのかかわりが薄いうえに，抽象度の高い煩瑣な多量の知識を内面化することが求められていたせいであろうか。そのような状況下では，学習意欲の低下を招くことは必至であった。今回の要領改訂で実現した内容の大幅な精選は，こうした事態改善の一助となるであろう。しかし，先に指摘した問題点は学習内容の特質に由来するものである。したがって，問題点は今もなお残存しているのである。事態を打開するには，人文地理あるいは他科目，他教科との統合をはかる方法が最も有力であろう。そして，学習の切実性を確保することが必要であろう。以下に掲げる学習問題例は，そうした意図の具現をめざしたものである。

　地震は日本が抱えるいわば宿命的な脅威である。地震に対する危機感は，そのまま問題追究の切実感へつながっていく可能性が大きい。ゆえに，たとえば「私たちが暮らしている地域は地震に見舞われる心配はないのだろうか」といった学習問題は，日頃から漠然とした不安を抱いている子どもたちの共感を呼ぶことであろう。ただし，これは一般的な地理学習のテーマではないので，抵抗を覚える子もいるだろう。その意味からも，こうした学習問題を設定する意義について説明を加えたい。あるいは発展学習として位置づけるという方法を講じたい。

　ところで，先の学習問題にもとづく追究の子どもたちにとっての目的は，地震の発生因に関する確かな知識を得，地域の地震対策について熟知し，防災への見通しを持つことである。そのことによって漠然としていた不安は，冷静な危機管理の意識へと変じてゆくであろう。また，そうした変化は学習してよかったという充実感をもたらすことであろう。

　また，学習の対象となる内容は火山帯，地溝帯，地質等を中心とした地勢的特性，地震のメカニズム，地震の事例，国および地方自治体の地震対策などであるが，学習状況によっては対象を世界に広げる場合もありえよう。なお，調べた地震の事例数が増えてくると，地震の分布地図を作成したいという欲求が生まれるであろう。分布地図は地震予知の有力な手がかりとなるので，切実性

は徐々に増し，震源の地図作りへと発展していく可能性もある。また，他教科（理科），他科目（公民）の内容が含まれているのは合科学習が見込まれるためである。

改めていうが，上記の学習問題は，問題解決学習にふさわしいそれである。国家規模の問題を自分たちの問題としてとらえ直す糸口になっているからである。また，問題が深化発展した過程で，さまざまな知識が密接に関連づけられることにより，系統性が確保される。さらには，自治体の関係機関へ情報収集（聴取）に行くことを通して社会的視野が開かれる。つまり，社会性が培われることになる。

これからの発電方法

近年，発電方法をめぐる論議が急速に広がり，熱を帯びてきた。原子力発電所の事故（装置の破損）隠しの発覚をきっかけとして，その論議はさらに現実味と勢いを増してきた感がある。発電方法の問題は，もはや自治体や電力会社に任せておけば済む問題ではなくなったのである。

こうした情勢を背景として，これからの発電方法はどうあるべきかという問題を社会科（地理）で取り上げる意義は大きい。それは，社会の現在する問題を多角度から包括的に見つめる好機となり，間接的に社会参加するに等しいからである。そればかりではない。切実な学習問題になりうること，環境問題等への発展性を秘めていること，合科的な展開が必然化すること，さまざまな知識事項を関連的に学べることなどいくつもの利点がある。因にいえば，これからの発電方法の問題は公民の学習問題としてもふさわしい。地理で扱う良さは，特に発電方法の改善案を考える際に現れるであろう。改善案は自然エネルギーの利用と自然保護を旨として探求されるだろう。そのとき，地勢についての幅広い知識が大いに役立つからである。

では，改めて学習過程を仮設しよう。導入段階では最近の原子力発電所の事故に関する報道，海外の原発事故の事例，脱原子力論議の動向，自然エネルギ

ー活用の実例と試行例等の紹介が有効であろう。導入とはいえ，子どもたちが持ち寄った情報を共有するための授業時間を設定すれば，子どもたちの主体性はより高められる。原子力発電については使用済み燃料の処理という難題もあるので，子どもたちの思いは原子力発電に代わる発電方法を探求する方向へと傾いていくだろう。そのときに成立する学習問題は，既述した自然エネルギーの利用にかかわるものとなるにちがいない。たとえば「これからはどんな発電方法がいいのか」といった。理想的な発電方法として，まず水力発電が発想されるであろう。発電方法のおよその仕組みがわかれば，それが日本の地勢に最適の方法だという結論に落ち着くことになりそうだ。ところが，かつては主力であった水力発電が頭打ちとなり，火力発電や原子力発電が中心的な役割を担うようになった歴史を知ると，子どもたちはその原因を調べようとするであろう。その学習の中で子どもたちは発電所の立地条件の問題に出会うことになる。多大な電力を必要とする工業地帯と発電所は近接していなければならない。大都市についても同様だ。つまり，水力発電には立地条件において，致命的な欠点のあることがわかってくるのである。新たな難題（条件）に直面した子どもたちの学習問題は「(工業地帯や大都市がある)海に面した場所で発電を行うには，どんな方法があるか」になるだろうか。ここから学習は再び地勢の問題に戻ることになるが，海流に関する問題や風などの気象条件の問題が新しく加わる。こうして学習対象は一段と広がってゆくのである。

　これからの発電方法の探求は，子どもたちにとって夢のある学習となるだろう。もしこんなことができたらいいのにという理想を思い描く世界に足を踏み入れることになるからだ。

私たちの町の合併問題

　中学校指導要領は，身近な地域の理解を深めさせ，市町村規模，都道府県規模，国家規模の地域の特色をとらえさせるとともに，そのための視点や方法を身に付けさせるよう求めている。以上は「地域の規模に応じた調査」（17, 18ペ

ージ）の内容の概要だが，ここでは特に次のような実践上の問題点が浮上する可能性が大きい。それは，子どもたちにとってそれらの地域について学ぶ意味が見出し難いために必要感に乏しく，学習が平板なものになりやすいということだ。知識理解が過度なまでに重視され，学習動機の問題が陰に隠れてしまいがちであった従前の社会科学習（指導内容の配列は現行とほぼ等しい）では，その問題点が顕著に露呈していた。すなわち，暗記学習と教え込み授業の常態化という形で。社会科教育改革の眼目が，こうした難点の克服にあることはいうまでもない。

　近年，市町村の合併が積極的にすすめられるようになってきた。都道府県レベルの合併（統合）さえ，もはや非現実的なものではなくなっている。合併問題が持ち上がると，賛否をめぐる論議は沸騰する。昨今では合併問題が選挙の最大の争点となることも少なくない。社会科教育の立場でいえば，こうした社会動向は，子どもたちが市や町や村を文字どおり「市町村規模」で凝視する好機の訪れを意味する。市町村の呼称の変更につながることの多い合併問題は，授業で取り上げるまでもなく，子どもたちにとっても決して無関心ではいられない問題だからである（今やその問題と全く無縁の地域というのは，皆無に近いのではないだろうか）。学習問題はさしずめ「合併はした方がいいか，しない方がいいか」という二者択一の形が自然だろう。この問題を解明するためには，当事者である各市町村の特色と合併による利害得失をさまざまな観点から徹底的に調査しなければならない。その観点は地理の領域を優に越え，歴史や公民の領域に及ぶことになるだろう。たとえば，大人たちの意見を聴取する機会があれば，必ずや市や町の歴史について聞き及ぶことになるだろうし，大人たちの価値観やものの見方，考え方に接することになるだろう。そして，役所や役場に問い合わせる機会があれば，自ずとその立場や仕事内容を知ることになる。前後するが，地理の領域については，とりわけ産業や観光資源などに着目して調べ学習が展開することであろう。

　また，できうることなら，事例を吟味検討する時間を確保したい。そこにあ

えて深入りすることによって，後により大きな規模の合併（統合）問題について学習する際の，確かな視点が育てられることになるからだ。因にいえば，植民地や自治領の分離独立問題は，次元は異なるが合併（統合）問題の逆のケースに相当するとみることもできる。ただし，それは外見上のことであり，その源にあるのは便宜的な統合，安易な統合，不当な併合の問題である。その意味で先の事例検討で獲得した視点が，世界の分離独立問題について考えるときにも生きて働く可能性が大きい。

木材の大量消費国日本

　従来の地理の学習内容は，事象の外観を特定の視点からとらえて情報化したものが中心であった。そのために学習が表層的なレベル，一定の範囲に抑えられる傾向があった。よって，たとえば世界の国々について学習する場合でも，各国のアイデンティティを生成している独自の生々しい要素や要因といったものが把握されることなく，画一的な角度からの静的な理解に止まることが少なくなかった。それでは，歴史や公民の学習との融合をはかることは困難であり，地理学習の成果が基礎として生かされる道は狭く限定されてしまう。地理で扱う事象の本質は実のところ動的であり，視点を固定したままではとらえることができない。改めていえば，国家のアイデンティティは内部におけるさまざまな要素の相互関係と，同じく相互的な対外関係によって決定づけられる。同様のことは生産活動や貿易に関する事柄についてもいえる。地勢さえも，さまざまな要素の相互限定的な関係によって刻々と変動している。

　では，事象の本質へとアプローチするための学習問題は，どのようなものであればいいのだろうか。次に掲げるのは追究の糸口となるそれである。「日本には森林が多いのに，どうして木材を大量に輸入しているのか」これは，地理統計等の資料を参照しているときに，自ずと抱くであろう疑問にもとづく学習問題である。子どもたちは日本が緑豊かな国だということを経験的に，あるいはいろいろなメディアを通して知っている。だから，日本が木材を大量に輸入

していることを示す統計上の数値（2000年は世界第2位）をみても，にわかには信じ難いであろう。ゆえに先の問題はそうした切実な思いを反映したものとなるはずだ。学習する内容は輸入した木材の用途，および国産の木材の用途が主体になるだろう。次には，日本が紙の大量生産国であり，消費国であるという事実を知ることになるだろう。そしてその時点から，古紙が回収されていることや再生紙が出回っていることを想起し，先の事実との関連について考えるようになる可能性がある。また，日本に木材を輸出している東南アジアの国の中には，無計画な伐採によって自然破壊がすすんでいるところもあるという事実を知ることにもなろう。

　さて，最後に述べた学習の内容例では，矛盾が露呈している。すなわち，木材の輸出による貿易収入（利益）が増加すればするほど森林伐採による自然破壊（損失）が拡大する，という関係が生じている。だが，こうした例は目を凝らして見れば，枚挙に暇がない。否，一般に事柄と事柄，事象と事象の間には必ずや何らかの矛盾が内在している。そして，それこそが事柄や事象の現実的なありのままの姿（矛盾は事柄や事象の変動を余儀なくするが，そのことが即ち事柄や事象の本質でもある）なのである。だとすれば，事柄や事象の背後にある矛盾関係がみえるまで追究を深めていくことが，あるいは，それが可能となるような角度づけを行うことが必要なのではないだろうか。ただし，矛盾は一つに限られているわけではない。視点を変えるごとに新しい矛盾が次々と現出してくる。疑問から疑問へと進展していく授業では，特にそのようになりやすい。なお，前記の事柄の背後にある矛盾関係とは，わけても見過ごすことのできない問題性を孕んだ矛盾のことである。ところで，次々と現出する矛盾は学習問題の連鎖的発展として客体化されていく。たとえば，先に取り上げた学習内容からは「木材の輸出国の自然破壊が進まないようにするには，どうすればいいか」という学習問題が成立しうる。そしてさらには「自然破壊を（自国の力で）防げないのはなぜだろうか」，「木材の輸入国の側に（自然破壊の）責任はないのだろうか」，「自然破壊が起きている国に対して援助は行われているの

か」,「これからの貿易はどうあればいいのか」といった学習問題の成立が見込まれる。

民族問題と異教徒の対立

　20世紀の末，新世紀を目前にして世界平和への願いが熱く語られていた。語る側も聞く側もそれが夢物語にすぎないことを重々承知してはいたものの。それにしても，ここ数年来その願いは余りにも無残な形で裏切られ続けている。果たして子どもたちは，そのことをどのように受けとめているのだろうか。慣れっこになって，もはや心を痛め悩ますこともなくなっているのだろうか。それとも，対岸の火事のごとくに，もとより無関心なのだろうか。あるいは，どうせ争いが治まることはないという諦め，絶望感，失望感を心のどこかに秘めているのだろうか。

　程度の差はあれ，各社の教科書を読むと異民族間，異教徒間の対立の問題については，実に淡泊な表現で簡略に述べられているにすぎない。その問題が世界各地の悲惨で苛烈な戦争，紛争の要因や誘因となってきたにもかかわらず。こうした実情からすると，教科書の学習を通して子どもたちが平和への願いを強くし，その実現の方途を模索するようになるとはとても思えない。そればかりか，地理で学んだことが公民の当該単元の学習に連続し，生かされることさえ見込めそうにない。

　民族紛争や異教徒間の争いの問題を地理で取り上げることに消極的なのは，それが"いたずらな深入り"に相当すると考えられているせいであろうか。もしそうだとすれば，地理学習の意義はどこにあるというのだろう。

　先の問題については，少なくとも日頃から関心と問題意識を持つようにさせる必要があるのではないだろうか。時代情況からしても，それは緊要な課題であろう。とはいえ，その課題を実現するのは決して容易ではなかろう。というのも，若者の政治離れに象徴される，社会的な問題に無関心な子どもたちの増加傾向は一向に好転する兆しが見えないからである。そうした悲観的な状況を

踏まえつつ，実践方法を提示したい。

　ほぼ単一の民族で構成されている日本人にとって，民族紛争はどこか縁遠いものに感じられる問題の一つであろう。異教徒間の対立についても，それを身近な問題としてとらえる日本人は少数派であろう。しかし，だからこそ授業を通して，それらの問題に対する関心や意識を育てていくことが必要だと思われる。そのための糸口としては，日常生活に浸透している新聞報道やテレビニュースを活用するのが適当であろう。当初は，社会科の時間に限らず，機会をとらえては話題にすることから始めたい。"難しい問題"に対する拒否反応が出ることも予想されるので，堅苦しさを感じさせない状況下で気軽に意見や感想を交換し合うという経験が，本格的な追究の下地となるからである。子どもたちは，日頃いろいろなメディアを介して上記の問題に接しているはずだ。だから，即座には言葉に表しにくいような複雑な思いや考えを心に抱いていることであろう。そうした思いや考えを出し合い，共有することで徐々に関心が高まり，問題意識が明確になってゆく。

　最初の学習問題は「一つの国にどうして異なった民族がいるのか」，「異民族が一緒に暮らしていると，どうして争いが起きるのか」，「宗教は心の安らぎを得るためにあるはずなのに，どうしてそれが争いの原因になるのか」といった素朴な疑問がもとになって成立するのが自然であろう。これらの問題は，どれもが多角度からの調べ学習を要する。そのため，協力したり役割分担したりしたうえですすめていくことも考えられる。それにしても民族紛争や異教徒間の対立の問題は，歴史的経緯が背景にあるだけでなく，利害関係がからんでいる場合もあって複雑極まりないことも事実だ。したがって，調べれば調べるほど新たな疑問が次々と湧き出てくることは予想に難くない。そこで，際限がなくなってしまうことを防ぐ意味で，便宜的な目標実現の目安（評価基準）を想定しておくことが望ましかろう。その例としては，次のものがあげられる。状況認識や歴史的背景に関する理解が深まり，客観性のある判断ができる状態に近づいたかどうか。学習を通して獲得した見方，考え方を他の問題に応用しよう

としているかどうか。新聞報道やテレビニュースや特集番組への関心が高まったかどうか。

民族紛争や異教徒間の対立の問題は深刻かつ複雑なので、実情を知れば知るほど学習問題は次々と深化し発展していくことであろう。したがって、教師は上記の目標に照らして意見感想の交換を行う時間を確保したり、情報を整理するタイミングを指示したりする役割を担うことになる。また、学習の進行状況を確認しつつ、歴史の時間や公民の時間でさらに学習を深化発展させるべく授業構想を練ることが必要であろう。

世界の国々を調べよう——アメリカの場合

地理＝暗記科目のイメージが強かった時代には、世界の国々に関する学習といえば表面的かつ網羅的な知識をひたすらに教示し、記憶させる授業がまかり通っていたように思う。平成10年の要領改訂では、「ゆとり教育」の趣旨に沿って、そうした授業の横行を防止するための配慮がなされている。その端的な例は、いわゆる範例方式の考え方を取り入れて学習対象とする国を数個にしぼったことだ。子どもと教師の負担を軽減し、新しい授業のあり方を模索する「ゆとり」を保障したものと解釈できるこの改変は、大きな前進に違いない（「ゆとり教育」を見直し、旧教育へと逆行する動きがすでに出ているのは残念至極である）。しかし、旧来しばしば見受けられた教科書の内容を子どもたちに復唱させるかのような授業の進め方をしていたのでは、思考力や創造力、そして主体性発揮の余地を確保しようという「ゆとり」の意義が消失してしまう。また、あくまでモデル的な学習例にすぎないものを、そのままなぞるかのような授業の進め方をするのであれば、それは教師自身の主体性を放棄するに等しいといわざるをえない。

さて、ある国を調べ学習の対象として特定するには、相当の根拠が要る。たとえば、アメリカを選ぶ必然性としては次の事柄があげられる。日本からみて最も密接な関係にある国だということ。生活の中にもアメリカ文化が深く浸透

しているので，子どもたちの関心も高いということ。しかしながら本質的な相違点があるので，対比的にみることでいろいろな発見があるということ。世界的にみても多大な影響力を発揮している国なので，国際関係について理解し考えるうえで欠くことができないということなど。ただし，これらはいわば一般的な意味での必然性であり，必ずしも一人ひとりの子どもにとっての必然性と一致するわけではない。そこで子どもたちの生活状況の観察やアンケートによる調査などを事前に行うか，試行期間を設ける必要がある。その結果，子どもたちが意欲的に取り組むであろう学習問題やテーマが次第に明らかになってくる。

　一つの国について深く知る（調べる）ことは，大きな目でみれば決して時間のロスにはならないはずだ。そこで得られた知見や視点が，次の学習に生かされることになるからだ。逆に，広く浅くを旨とした調べ学習では，国と国の相違点が各国の特徴として並列されるに止まり，対立点として認識することによる新たな学習問題の創出にはつながり難い。

　次に，アメリカを調査対象とした場合のアプローチの糸口（学習問題）を例示したい。

　「日本の車はなぜよく売れるのか」という学習問題は，日常生活の中で日米関係にまつわる情報に触れる機会の多い子どもたちが，心に抱く可能性のある疑問にもとづいている。日本車がアメリカで大変な人気を博している。しかし，その理由については，大人でも案外知らないのではないだろうか。優れた性能を備えているからという理由は容易に予測できるにしても，アメリカ人はアメリカ人なりの価値観や視点でそれを評価しているはずだ。その中身を知ろうと思えば，それこそアメリカ人の生の声に耳を傾ける（そのための有力な手段としてはインターネットの活用があげられる）ほかはない。私が知りえた声の一つに「ドアとドアのすき間が平行だから」というものがある。私はそれを聞いて思わず笑みをもらしてしまったが，後になってその言葉が両国の国民性の違いを端的に物語っているように思えてきた。すなわち，そこには，微に入り細に入り神経を行き届かせることのできる日本人への格別の敬意が込められているも

のと察したのである。数値の情報は一般性，客観性を保証してくれる代わりに，個性を捨像してしまう。つまり，数値情報への過剰信頼は，木を見て森を見ずのたとえのごとく一面を見て本質だと思い込む（手がかりにすぎないものを本質に飛躍させてしまう）危険性を秘めている。統計資料等の活用能力の育成が謳われている昨今，その危険は既に現実のものとなりつつある。だからこそ現地の人の生の声を聞くことで，表面的なところで止まっている見方を覆す必要がある。

　先の学習問題を拠点として追究が深まっていくと，次のような発展が期待できる。日米の工業技術の質的な共通点，相違点の学習。貿易摩擦問題の実態に関する学習。日本の工業技術の先進性についての学習等。なお，先のアメリカ人の声を糸口として，日米の文化の相違を対比的に学習していく道も開かれている。その中では，日本人の特性を再評価し，その特性がどのような方面でどのように生かされているか，あるいは今後どのように生かしていくべきかということを吟味検討することも考えられる。そうした新たな日本人観の創出や日本の産業の新たな進路の展望は夢があり，子どもたちにとって興味深い学習になるのではないだろうか。

　次にあげるのは，人種問題に関するものである。「広く移民を受け入れている（異国民に開かれた国）アメリカで人種差別がなくならないのはなぜだろう」という学習問題は，アメリカ社会に内在する大きな矛盾に根差している。この学習問題は公民にも適合するが，その場合は問題解決の方途をさまざまな角度から探ることに力点を置きたい。公民としての資質の養成につながるからである。

　問題の客観性を確保する意味からも，調べる項目は多岐にわたる方が望ましい。まず「どこの国から」，「何人くらいの人が」，「どのような理由で」移民してくるのかということを明確にしたい。また，どのような形で差別的な対応や扱いがなされているのかという問題についても，明らかにしていく必要があるだろう。さらにいえば，人種問題の歴史を知る必要もある。人種差別問題に関

する米国民の考え方の相違点についても調べさせたい。以上のように調査事項を列挙すると「深入り」の感もあるが、グループで分担させれば、その点は克服できる。

　人種問題はアメリカを知るうえで、欠くことのできないテーマである。また、その学習成果は、今後深刻化が予想される日本における人種問題、外国人問題について考える際の、有力な拠り所となるはずだ。

　「日本食はなぜアメリカで人気があるのか」という学習問題は、その理由を予想させ、意見交換させることで他のいろいろなテーマや問題に広がっていく可能性を秘めている。たとえば、アメリカ人の食生活と健康との連関（因果関係）について調べるならば、日本人（子どもたち自身）の食生活の再評価や見直しへもつながってゆくであろう。また、日米の食文化の歴史を調べる学習は興味が尽きないことであろう。さらには、食文化と同様に人気が高まっているアニメやゲーム機器も、子どもたちにとって興味深い調査対象となりうるであろう。

　各国民の食生活は当然ながら、その国の主な産物、特産物と直結している。したがって、食生活の調査は産物の調査を半ば必然化する。先の学習問題のメリットは、そのように他の単元の学習へ連結していく点に求めることもできる。

　「アメリカの学校（教育）はどうなっているのだろうか」という学習問題は、教師にとって少々勇気の要るテーマだ。学習成果がそのまま、日本の学校教育（子どもたちが受けてきた教育）を見つめ直す視点や問題意識に転じる可能性があるからだ。しかし、子どもたちの多くは、他国の同年代の子どもたちの学校生活について大きな関心を寄せるだろう。共通点や相違点を発見するたびに、心が揺れ動き、複雑な思いを抱くこともあるだろう。しかし、学校教育には各国の文化や政治や国情が色濃く反映される。その縮図とさえいえる。よって、学習の切実性の点で、また学習内容としての意義の大きさという点で、学校教育の問題はきわめて有力な調べ学習の対象だといえよう。

　導入の段階でテレビ番組のビデオ等を利用すると、興味が喚起されることは

いうまでもないが，同時に思いもよらないさまざまな疑問が出てくることであろう。その一つ一つが調べ学習の糸口となりうる。ただし，そのためにまた断片的な学習課題が乱立する可能性もあるので，事象の背景にある教育政策や社会的情況に関して適宜に示唆を与えたり，説明を加えたりする必要もあるだろう。

　次に，子どもたちの関心が比較的薄いと思われる，東南アジアの国々を対象とした調べ学習について述べよう。日本で居住する外国人の中で，東南アジア各国の人々の占める割合は低くない。ところが，子どもたちにとって彼らは，存外に疎遠な存在なのではなかろうか。それは，おそらく東南アジアに関するマスコミ情報が，アメリカのそれに比してはるかに少ないせいであろう。すなわち，情報の不足が不可思議さを醸し出し，心理的距離を生んでいるのであろう。近くにいても，縁遠い隣人たち。それが子どもたちの，東南アジアの人々に対する一般的な印象なのではないだろうか。しかし，とりわけ産業経済のレベルで，日本は東南アジアの国々と緊密な関係を結んでいる。また，かつて日本は，自己中心的な思惑から東南アジアの人々に多大な迷惑をかけてしまった。そうした事情や歴史的経緯からしても，東南アジアの国々が重要な学習対象であることはいうまでもない。

　東南アジアの国について調べる意欲は，どのような契機で高まる可能性があるだろうか。それは同時に，先に述べた"心理的距離"の克服を促すものでなくてはなるまい。有力な方途としてあげられるのは，在住している東南アジアの人たちとの交流である。そのための場が設定されさえすれば，子どもたちは気後れすることも，臆することもなくなるようだ。現代っ子らしい屈託のなさからか，あるいは大勢の仲間と協同することで，普段よりも勇敢になれるのか。いずれにしても，一度心の壁が破られると子どもたちは，堰を切ったようにいろいろな質問を投げかける。自らの力で心理的な距離を縮めようとしているかのように。心の中の闇の部分を，一気に解消しようとしているかのように。もちろん相手の応答のし方にもよるが。

以前にイメージしていたことと実際とのずれ。本や参考書で読んで知っていたことと現実とのずれ。その一つ一つが、小さいながらも新鮮な感動や驚きをもたらすことであろう。彼らを通して知る彼らの国の実像は、親近感を覚えさせるそれに違いない。かくして、東南アジアの国の人々との交流は、学習の糸口としても学習の深化発展の契機としても大きな働きをするであろう。否、国際化の時代である今日、むしろ交流すること自体を教育目標としてすえる方が望ましいのかもしれない。ただし、「交流」の時間の確保という点では問題を残す。その解決策としては、総合的な学習の時間との統合が、両方の学習の充実をはかるうえでも有力であろう。

　さて、本節を終えるにあたり、地理学習の意義についてふれておきたい。一つの教科として出発した社会科が、地理・歴史・公民の3科目に分断されてすでに久しい。それに伴い、民主主義社会を担うための資質を養うという社会科本来の目的は見失われ、社会科は暗記教科へと堕してしまった感が強い。そのことによる弊害の大きさは測り知れない。現指導要領のもとで社会科本来の役割を回復するための道は、3科目の統合、および地理・歴史を公民を支えるための科目として位置づけることの二者であろうか。そう考えるとき、地理学習の目標と歴史、公民のそれとの間には通有性がなくてはなるまい。その代表は国際理解、もしくは国際関係理解であろう。それは、歴史学習にとっても公民学習にとっても重要な基盤である。

　国際理解、国際関係理解を究極の目標とすることによって地理学習は、閉塞することも、平板化することもなくなる。民主主義の意義を広い視野から理解できるようになり、日本の産業や貿易のあるべき姿を広い視野で考えられるようになり、日本の未来像を確かな形で描けるようになるであろう。

3　歴史的領域

　私は歴史学習の内容として、とりわけ近・現代史を重視する。なぜなら、両

者は現社会と国際関係の枠組みに強い影響を及ぼし，制約を課しているだけでなく，社会の未来像を模索するうえで欠くことのできない視点や貴重な手がかりを数多く蔵しているからである。つまり，近・現代史は豊かな社会観や人間観を養う上でも，時代を見すえる力を育てるうえでもきわめて有意義な学習内容だと思われるからである。因に，古代・中世史の学習については，近・現代史の学習を実りあるものにするための土台作りの段階として位置づけたいと考えている。

　教養主義的な立場からすれば，上記の主張は"偏重"の誹りを免れまい。しかし，民主主義社会の一員としての資質を養うという社会科本来の目的に照らしてみるならば，歴史学習もまたその目的に寄与することを第一義とすべきではなかろうか。なお，その資質とは，社会が直面している問題，あるいはそこに内在する問題に対して絶えず心を配り，その解決に向けて何らかの貢献の道を探ろうとする姿勢，およびその実践力である。その意味で，先人の問題解決の足跡である歴史は社会科の問題解決学習の内容として正にふさわしい。しかも近・現代史において生じた問題の多くは，今日もなお未解決であり，現在進行中の問題である。ゆえに，歴史は過去と同等ではない。歴史学習が公民学習にも通じる所以はその点にある。

　次に，実践の要点を述べる。まず時代区分の問題について，ふれておきたい。従来，日本史の各時代の一般的な名称として，奈良時代以降は主に政権府の所在地名が用いられてきた。それにより，歴史の流れは政権府の変移に同一化されることになり，教科書の内容（項目や事項）もそれにしたがって整理配列されてきた。そのため，便宜的かつ形式的なものにすぎない時代区分によって，生きて動いている歴史の流れが分断され，時代名の変化を境に社会の様相が突然に一変したかのような誤信を抱かせる傾向があった。あるいはまた，政権変動の経緯を主軸として歴史が描かれているために，たとえば農民の生活に関する事柄は付帯事項として扱われる傾向があり，その苦難の歴史を一貫してとらえることは困難であった。生きた流れが分断されると，歴史は生気を失い，縁

遠い異次元の世界の出来事のごとくに感じられるようになる。それではもはや記述内容を感情移入して理解することは難しく、歴史学習が単なる言葉の学習になってしまったとしても何ら不思議はなかった。歴史が暗記科目と化したのも、そのことに原因の一半があるとはいえまいか。

　こうした問題状況を克服するには、一つに形式的な時代区分に制約されない超時代的な視点や着眼点の導出、発見、あるいは創造を要する。そのことは、学習問題と深い関係がある。否、学習問題こそが、その視点や着眼点だといってもいい。たとえば、「幕府はなぜ崩壊したのか」という学習問題は、幕府が成立する以前から存在していた支配者と非支配者の非合理な関係に着目することを必然化する。少しく補足しておく。歴史を動かす主たる要因は、いうまでもなく社会に内在する矛盾、あるいはまた国家、地域間に存在する矛盾である。人々はその矛盾をめぐって確執し、時には闘争を繰り広げる。その意味で、矛盾とその解消への取り組み（対決）は、歴史認識における中核的かつ普遍的な着眼点だといえよう。

　なお、上述した視点や着眼点は、歴史特有の多岐にわたる煩雑な知識を概括する役割をも果たす。細々とした知識に埋没して思考が働きにくい状態からの超越を可能にしてくれるのである。そうした利点もあって、先の視点や着眼点の導出、発見、創造は歴史観の形成に大いに寄与する。

　前述の問題状況を克服するための別の方法を追記しておこう。特に幕末から明治、大正、昭和に至る日本の動向を理解し、検討する場合など、それを一国の生きざまにたとえることが有効である。この方法は、諸外国の動向（世界史）を学習する際にも有効である。わけても産業革命以後の西欧諸国が植民地を求めて競い合う様は、各国の姿を擬人化することで、卑近な問題としてとらえることが可能になる。

　ところで、歴史学習を通して社会観や人間観、あるいは時代を見すえる目を養うには、次のような授業展開が望まれる。それは、歴史上の人物の考えや思いをも、検討の対象にするということである。もしそれが実現すれば、子ども

たちは眼前の人と対話するかのように，自らの考えや思いと歴史上の人物のそれとを突き合わせることができる。それは，過去に立ち返って当時の社会的問題の解決を疑似体験するも同然である。しかし，教科書や参考書等に記載されている歴史上の人物の考えや思いに関する情報は，検討の対象とするには余りに少なく，限られている。したがって，出来事と出来事の間に合理的な脈絡をつけることによって，その考えや思いを推測する必要がある。もちろんそれは，時として行き過ぎた解釈や曲解につながることもあるだろう。しかし，それを恐れていては，歴史の真実に迫ることもできない。かくして問題解決学習においては，当時の人々が何を考え，何を思っていたかを史実にもとづいて明らかにしていくことが，肝要な追究課題の一つとなる。因にいえば，以上のような学習は，歴史探究の醍醐味を子どもたちに実感させることであろう。

　上述したことをさらに深化させる方向で歴史上の人物の生きざまを焦点化し，検討課題とする実践方法もある。この場合，共感的理解にもとづいた切実な学習問題の成立が見込まれる。そればかりか，歴史上の人物の生きざまと自らのそれを対比することで，歴史学習を越えた省察が実現することもある。時代の隔たりを超越して，生き方に学ぶことができるのである。なお，生きざまを対比するのではなく，同一化することを期待していると思われる実践に出会うことがある。しかし，それでは人物モデルの押し付け（価値注入）と一線を画すことができない。歴史上の人物の生き方を焦点化する意義の一つは，それが子どもたちの生き方や姿勢を映し出す鏡の役割を果たしてくれるところにある。

　次に，一般的な時代区分をふまえて授業の展開案を例示し，あわせて実践の要点を述べることにする。

古代人の死生観と古墳

　古墳は今日のお墓と余りに違う。その大きさ形といい，内部の構造や副葬品といい通常のお墓のイメージからほど遠い。古墳に関する学習がすすむにつれ，謎は深まり疑念は増してゆくにちがいない。そんな中，古墳は本当にお墓なの

だろうか，という疑問が湧いてくる可能性もある。その疑問が学習の糸口となった場合，果たしてどのような深化発展が見込まれるだろうか。ただし，古墳が墓であるか否かという問題についての学術的な論議は，ここではさて置くことにしたい。

　古墳は本当にお墓なのかという疑問を抱いた子どもたちは，次のような仮説を立てるかもしれない。内部空間は広々としており，副葬品の中に銅鏡，武器，農具などが交じっていたことからすると，古墳は墓というよりむしろ住居か部屋に近いのではないかという。想像力たくましい子どもたちは，仮説をさらに発展させていくことであろう。古墳がもし住居に見立てて作られたとすれば，当時の人は，死を生命の終焉だと考えてはいなかったのではないか，というように。小学生にとって，この仮説を裏付けることは難しいので，少々の助言を要するであろう。しかし，中学生や高校生であれば，古代には不老不死の国を意味する「常世の国」という言葉（思想）があったことを探り当てるかもしれない。この言葉は古事記にもみられるが，参考までに，ここでは万葉集に収められている「吾姉児（わぎもこ）は常世の国に住みけらし」という歌を取り上げ，追究過程を想定してみよう。これはあえて類別すれば，妻（恋人）の死を悼む歌である。だが，そうした印象をさほど醸してはいない。それは，悲しみが言葉の奥に包み隠されているからであろうか。いや，それだけではなさそうだ。この歌は，妻（恋人）がこの世の苦しみを逃れて，不老不死の国で安住するようになった（らしい）ことに対する安堵感さえ漂わせている。しかも，常世の国への転生を自然の摂理として受けとめているかのような印象を与える。この歌が哀歌らしくなく，心境を淡々と語っている独白のような感を与えるのは，むしろそのためではないのだろうか。してみると当時の人の死生観は，現代人のそれと根本的に異なっていたのかもしれない。

　先の仮説を裏付ける手がかりは他にもある。たとえば，秦の始皇帝（B.C.259～210）の陵は壮大で御殿然としており，照明まで設備されていたという。それは，不老長寿の妙薬を求めて止まなかった始皇帝の永遠の生命への強い憧憬

が，体現されたものであろう。そして，日本の古墳時代の到来が，何らかの経路で始皇帝の陵の影響を受けたことは，推量するに難くない。

以上のような実証的追究が一段落すると，また新たな疑問が湧いてくることであろう。当時の人々にとって死は最大の恐怖であったに違いない。したがって，不老不死の願望は普遍的なものであったろう。それならば，なぜ古墳時代は終わりを迎えたのだろうか。この疑問を解明するための追究過程を次に想定してみよう。

仏教の伝来とともに，古墳は次第に築造されなくなってゆく。そして，8世紀に入るとほとんど築かれなくなり，代わって寺院の建立にエネルギーが向けられるようになる。それは人々の死生観が変化したからではなく，常世の国への転生の願いを適えるには，権威のある仏教に帰依した方がいいと，考えるようになったからではないか。その証拠に，修行を積むことによって，死後には一切の苦患（くげん）から免れた安楽の世界である極楽浄土へ往生できるとする浄土教がとりわけ盛んになる。そして，11世紀頃には貴族社会を風靡するに至っている。

さて，上記の学習を通して，どのような学力や感覚が養われるであろうか。その第一はイメージ力であろう。あるいは，推理する力，知識と知識をつないで脈絡をつける力といってもいいだろう。歴史学習では，直接的には確認できない事柄について学ばなければならないので，受け身の姿勢で臨むことになりがちだ。知識（史実）の"教え"に唯々として追従することになりがちだ。歴史が暗記学習に陥りやすいのも，そのことに大きな原因がある。こうした悪条件を克服するうえでも，イメージを働かせることは最も有効な学習のあり方である。そればかりか，イメージを働かせることは，子どもたちにとって楽しいことに相違あるまい。歴史が好きになるとすれば，それはイメージが駆使できるからであろう。もちろんイメージ力それ自体，大切な必須の学力であることはいうまでもない。なおいえば，手がかりとなる知識が少ないほど，イメージはよく働く。その意味で，詳細な知識を数多く与えようとするのは，逆効果も

甚だしい。むしろ知識の束縛や形式的な時代区分の制限枠から解放すべきであろう。先の想定学習で，超時代的な追究を行っているのは，そのゆえである。

ところで，超時代的な追究は，歴史観の形成に寄与する。遠く隔たった史実と史実の間に通有する性格を見出し，その意義を究明することによって，私たちは歴史の深層（本質）に迫ることができる。そのような追究過程では，いくつもの史実を概括するための視点を導出，あるいは創造しなくてはならないが，その視点が歴史観にほかならないからである。なお，こうした視点は，素朴な疑問から出発した問題解決学習の中で，仮説として提起される可能性が大きい。

古代から中世へ

大和朝廷の成立以降の学習内容は急に複雑化するとともに，読みづらい人物名や聞きなれない地位名や役職名が次々と登場するようになる。しかも，教科書の記述は，内容の精選をはかるためにダイジェスト版化しており，飛躍も多い。脈絡づけられてはいても，実質的には史実の羅列になっているところも多い。こうしたことが歴史理解を困難にし，歴史嫌いの子どもを生む原因になっていることは予想に難くない。

歴史を理解するには，子どもたちの側に糸口がなくてはならない。それなくして歴史を自分に引き寄せて吟味考察することができないからだ。とはいえ，糸口を見つけることは必ずしも容易ではない。その一番の阻害要因は，歴史を客観的かつ正確に記述する必要から，歴史上の語句がそのまま用いられていることであろう。たとえば，「朝廷」，「律令」，「蝦夷」，「幕府」などは，言葉そのものが難しく，説明や注解を読んでも，どこか釈然としないものが残ってしまう。現代語の中に直接対応するもの（概念）が見当たらないからである。こうした子どもにとってわかりにくい言葉が，歴史を現実感の乏しい疎遠なものにしていると思われる。また，現代語と表記上は共通している「国（くに）」といった言葉や，説明用語として広く使われてきた「（天下）統一」，「身分（制）」などの言葉は，その語義を現代的感覚でとらえると誤解につながるおそ

れがある。したがって，歴史学習では，語義の正確な理解をめざすことが当初の課題となる。そのための学習方法としては，史料が豊富な地域の史跡調べをきっかけにして，徐々に理解を深めていく方法，あるいは教科書や史料集の講読中に生じた疑問を，個人学習等で解き明かしていく方法がある。前者では，調べ学習をすすめるにつれて関心も深まっていくことが見込まれる。後者の場合，疑問の多くは子どもたちの知見や価値観にもとづくそれなので，歴史と子どもを結ぶ文字どおりの糸口になりうる。いずれの場合も，学習が深化すれば，歴史上の人々と子どもたちの間で緊迫感のある"対話"が実現する可能性が大きい。

　ところで，大和朝廷の誕生から中世に至る歴史の中で，とりわけ何を学習の課題とすべきであろうか。先に提起した近・現代史を重視する立場からすれば，諸制度を礎として統一的社会が構築された経緯，そこに内在する矛盾，および社会関係を成り立たせている主要な原理を，その中軸としたい。すでに述べたように近・現代史は，子どもたちが社会の未来像を模索するうえで，重要な手がかりを数多く蔵している。中でも有力な手がかりとなりうるのは，社会の仕組みや社会変動の要因といった根底的なものであろう。上の三者はそれに相当する。こうして視点を一貫させることにより，近・現代史の歩みを，その前史と対比的に検討することが可能になる。さらには，近・現代史が果たして望ましい方向にすすんできているのかどうか，長期的なスパンで評価することができる。

　因にいえば，上記の視点は，歴史を人々の問題解決の足跡としてとらえることを前提としている。それは，断るまでもなく歴史の核心部をとらえるに等しい。そのことによって，複雑に交錯する数々の事象（史実）を選択的に類別したり，関係づけたり，系統づけたりして理解することが可能になる。次に，上述したようなアプローチ（糸口の発見〜問題解決学習）につながる疑問，もしくは学習問題を例示したい。

「大和朝廷の時代には日本地図がなかったのに，当時の人はなぜいろいろな

国（クニ）があることを知っていたのか」という疑問は，理解の糸口であるとともに，学習の発端でもある。その追究過程で子どもたちは，古代にも広範囲にわたって人々の往来が盛んに行われていたことを確認するであろう。そして，その往来が異国間に及んでいたことを知ると，驚きをもって「どうしてそんなことが，古代人にできたのか」という疑問を抱くにちがいない。そこから，「人々は何のために遠く離れた所にまで出かけて行ったのか」という問題に発展すると，食料等の物資の獲得や交易，あるいは勢力拡大が目的だったのではないか，といった考えが出されることだろう。それらの考えを裏づけるための話し合いや調べ学習は，当時の人々の生活状況や地域間，国家間の関係についての理解を深化させる。

　以上の学習の成果は，さらに次のような疑問や問題にもとづく学習と一体化することによって，大局的かつ系統的な歴史認識を培う。たとえば，「なぜ国（クニ）をつくる必要があったのか」，「人々はいつ頃から日本人としての自覚を持つようになったのか」，「何のために遣隋使を派遣したのか」。そして，時代的には前後するが，「人々はなぜ定住するようになったのか」，「集落のまわりに堀が作られたのはなぜか」，「なぜ女性である卑弥呼が王になったのか」等。

　なお，上記の大局的，系統的な認識の内容について，補足しておこう。農耕生活を営むようになると生活は安定化に向かい，定住も可能になる。また，余剰の物資を蓄蔵できるようになり，小社会の形成が促進される。しかし，そうした進歩は，他方で小社会間の格差や利害の対立という問題を生み増大させる。そして，物資獲得や生活上の利権をめぐる争いが頻発するようになる。いきおい武力による問題解決が次第に常態化，一般化するようになる。勝者と敗者，強者と弱者の縦の関係は歴然とし始め，富や特権の独占をはかろうとする動きが激化する。対外関係についても，国交，交易を越えて，縦の位置関係をめぐる駆け引きが行われるようになる。また，自然災害や病から逃れる合理的な術を持たなかったに等しい状況下では，自ずと霊験なるものへの畏れが増し，信仰心が高まる。

以上に述べたことは，古代社会の様態とその変遷をモデル化して描いたものだが，一応の普遍性を備えているのではなかろうか。よって，それは後の歴史を理解するうえでの基本的な"文脈"となりうるし，歴史進展の意義を検討（評価）するうえでの有力な視点となりうるだろう。大局的かつ系統的な認識である所以は，そうした点にある。なお，上記の内容は，実際上は"子どもの言葉"で語られることになる。

 補足しておく。大和朝廷の成立から律令制の確立に至る歴史の学習においては，わけても社会に内在する矛盾とそれを克服するための人々の動きについて理解を深めておきたい。そこで得た認識もまた，中世以降の歴史を理解し，検討するうえでの有力な拠り所となりうるからだ。その学習の糸口となる疑問（問題）としては，「社会の秩序を保つために身分の差ができたのは，よかったのか」「当時の農民も一揆を起こしたのか」，「貴族や豪族たちも税を払っていたのか」などが見込まれる。

 学習の過程で社会の矛盾や不合理に気づいた子どもたちは，義憤を覚えることであろう。それによって問題の切実感が増し，追究意欲が掻き立てられる。

 さて，以上の学習を前段階とするならば，中世についての学習は，その発展段階として位置づけることができる。まず中世初頭（平安末期）の中心的な理解内容としては，天皇を頂点とした支配層による特権の独占体制が一層強固なものとなったが，領地の支配構造および権力中枢の構造は流動的で，利権や政権をめぐる氏族間の勢力争いが激化したことがあげられる。また，検討（意見交換）の対象としては，非民主的で，身分間の不公平が歴然とした社会体制や争いの絶えない社会関係などがあげられる。なお，検討を行う際には，批判のみに終始することのないよう配慮する必要がある。そのためには，不公平がなぜ拡大し，是正されなかったのかという問題や，なぜ政権が安定しなかったのかといった問題にまで踏み込んだ追究を促したい。因にいえば，その追究の中で子どもたちは，華やかな貴族の生活からは想像もつかないほどにどろどろとした人間模様を垣間見ることになるであろう。そして，歴史を動かしているの

は，子どもたちが日頃接している人々と同じ人間なのだ，ということをあらためて実感するだろう．

では，上のような追究につながる可能性のある学習問題を示しておこう．それはたとえば，「農民はどうして大規模な一揆を起こさなかったのか」，「当時も学校はあったのか」，「（あったとすれば）どんな学校だったのか，身分の別なく通えたのか」，「貴族はなぜ没落したのか」，「なぜ貴族の世の中から武士の世の中に変わっていったのか」などである．

次に，鎌倉幕府の成立以降の要点的な理解内容を列挙しよう．それは，国家規模の支配体制が天皇を中心とする勢力と幕府（武士）による二重構造になったこと，それによって農民からの収奪システムが混乱しつつ，ますます苛酷なものになったこと，政権争いの手段が武力一辺倒に傾いていったこと，世の中の乱れに伴う仏教の流布，そして権力を獲得した武士たちの生活が貴族化していったこと等であろう．また，中心的な検討課題は，上に掲げたそれぞれの内容について，その妥当性を評価することであろう．

つづいて，上のような追究につながる可能性のある学習問題を例示する．「鎌倉幕府ができて世の中は安定したのか」，「鎌倉幕府ができたことは農民にとって良かったのか」，「どうして平気で肉親を殺したりしたのか」，「承久の乱のとき幕府はなぜ朝廷を滅ぼさなかったのか」，「当時の法師たちはどんな役割を果たしたのか」等がそれである．

室町幕府の成立以降の歴史については，鎌倉幕府の時代に内在していた諸矛盾がどのように変化し，産業や貿易や文化の発達といった価値ある特徴がどのように発展していったのかという角度から追究させたい．特に矛盾点については深く掘り下げ，戦国時代へ突入することになった原因を探らせたい．したがって，学習問題は以下のものが考えられる．

「室町幕府は鎌倉幕府とどう違うのか（果たして進歩したのか）」，「民主主義の考え方は誰からも出て来なかったのか」，「社会全体の幸せを考える人はいなかったのか」など．なお，学習内容の複雑化が著しくなるおそれがあるので，

意見交換等を学習の中心にすえ，問題意識と学習意欲の高まりに応じて調べ学習を深めていけるよう配慮したい。

近世から近代へ

　近世（江戸時代）では，とりわけ次の事柄に着眼点をおいて追究させたい。すなわち，封建制が動揺し，崩壊に至った原因，市民階級の台頭による社会構造（特に身分制）の変動，武力による問題解決から論議による問題解決への漸進的な重点移動，そして開国を余儀なくした国際情勢の動向など。以上の事柄に着目させたい理由は，これらが数百年にわたり保持されてきた社会体制および人々の社会観（世界観）の根底的な変革を象徴する事象だということにある。なお，上記の論議による問題解決とは，たとえば勝海舟の活躍によって実現した江戸無血開城を指す。

　追究の成果としては，社会変革がどのような情況下（条件下）で実現しうるのかという問題に関する認識の深化が見込まれる。少しく具体的にいえば，どのような立場の人々が，どのような判断にもとづいて，どのような努力を行ったかということを（人物によっては，たとえば大塩平八郎など，その生きざまを通して）知ることができる。さらには，産業経済の発展など社会状況のレベルで社会変革の要因をとらえることもできる。その中には，教育施設の普及と充実といった前時代にはあまりみられなかった特徴も含まれるが，それなどは子どもたちの実生活と重なりがあることから，身近な問題として考えることができるはずだ。また，幕末期の対外政策をめぐる幕府および諸藩の動向は"国としての生きざま"をイメージさせるが，それゆえに子どもたちの意見交換にふさわしい題材となりうる。

　以上を要するに子どもたちは，近世史の学習を通して現代にも通じる社会改革，社会変動の原初の姿と向き合うことができ，当時の人々が直面していた問題を自分に引き寄せて考えることができる。その意味で近世史の学習は，今に生きる学力を育む可能性を備えているといえよう。

次に，上述した学習への進展につながるであろう学習問題例を列挙する。「江戸幕府は鎌倉幕府や室町幕府とどこが違うのか（進歩したのか）」，「江戸幕府の成立によって農民の暮らしは良くなったか」，「鎖国は日本にとってプラスだったのか」，「江戸幕府の支配体制が崩れていったのはどうしてか」，「現代社会とどんなところが似ているか」，「幕末には，なぜ下級武士でも大活躍できたのか（どんな考えを持った人が活躍したか）」，「開国は日本にとって良かったのか（どんな見通しがあって開国したのか）」等。

ここで，世界史，特に西欧史の位置づけの問題について言及しておく。小，中学校の教科書では，ペリーが浦賀沖に来航し，幕府に開国を迫った経緯が簡略に述べられている。しかし，なぜ太平洋を隔てた遠い国アメリカが日本との交易を強く求めたのか，その根底的な理由については明示されず，事実経過のみが記されている。そのために，ペリーが強圧的であった理由や後に幕府がアメリカ総領事のハリスの要求を受け入れ，敢えて不平等な日米修好通商条約を結んだ理由などが曖昧なままに済まされてしまう可能性がある。これでは，視野の狭い閉塞的な歴史認識にとどまるばかりか，知識の断片化も避けられない。

ペリー来航や不平等条約締結の意味については，世界史のレベルでとらえさせたい。幕府が開国を受諾した19世紀半ばといえば，産業革命によって多大な工業生産力を備えた欧米列強国が，強大な軍事力を背景に植民地獲得競争を展開していた頃である。アジアの国々はその格好のターゲットであり，日本もまた虎視眈々とねらわれていた。近代産業国家と前近代的な国との力の差は歴然としており，後者は前者に従属する以外生き残る道はなかったに等しいのである。そのような情況下で幕府は（日本）は，大幅な譲歩という便宜的ともいうべき方途を選んだのである。

以上のように世界史的な視野でみるならば，幕末期の幕府および諸藩の動向や明治維新の意義について，さらには明治政府の富国強兵政策等の深意についても，当時の人々の立場に近接して理解することが可能となるにちがいない。

加えていえば，従来の小，中学校教科書における世界史，とりわけ西欧史の

扱いは付随的であったり挿入的であったりして，やや唐突な感があった。西欧の歴史を参考程度に対照させて紹介していたに過ぎなかったからだろうか。そのために日本史との連関が表面的かつ不明瞭で，理解の深化に余り寄与しえていなかったように思える。西欧の出来事や人物が思いもかけない折に登場してくると，子どもたちの心には自ずと何らかの疑問が湧いてくるはずだ。そこに，西欧史を導入する必然性がある。幕末から明治時代にかけての歴史学習は，世界史，特に西欧史に子どもたちの目を向けさせる大きなチャンスなのである。

近代から現代へ

すでに述べたように，近代に入ると先進諸国の工業生産は飛躍的に増大する。それに伴い原材料の調達と市場の開拓をめぐる競争も熾烈さを増す。近代化の流れに取り残された国や地域の植民地化が一層すすみ，文字どおり弱肉強食の時代と化すようになる。このように近代は，光と陰の両面を合わせ持っている。歴史学習においては，その両側面を切り離すことなく，あくまで関連的にとらえさせたい。その過程で子どもたちは，人間の叡知が花開いた繁栄の時代である近代が包蔵している大きな矛盾に気づくことになるだろう。その矛盾は，アンバランスとも歪みとも偏りともいい換えることができる。そこから派生した戦争や紛争や人種差別等の由々しき事態や問題の多くは，現代に至ってなお終息することなく，むしろ拡大深刻化の様相を呈している。それならば，歴史学習において，近代と現代を区分する必要があるのだろうか。そうすることは，問題の本質を見失うことにつながりはしないか。人類は共存共栄を実現するための知恵を未だ保持しえていない。そのことからも子どもたちには，真の叡知とは何か，真の繁栄とは何かという問題についてじっくりと考えさせたい。

公民学習の立場からもみてみよう。現今，世界各地で続発しているテロ事件やさまざまな紛争については，公民学習において何らかの形でふれることになるだろう。しかし，どの一つを取り上げたとしても，そこには必ずや複雑な事情や要素が絡み合い，理解を難しくしている。解決されるべき課題すら不明確

なことも多い。しかし，事の発端や起源は，近代に生じたさまざまな矛盾に根差している場合が少なくない。そのゆえに，近・現代の歴史学習は，公民学習の土台あるいは下地となりうるのである。そこにおいては，問題の歴史的背景を原初の形で学ぶことができるからである。したがって，「歴史」と「公民」は，場合に応じて統合をはかることが望ましかろう。そうして，子どもたちの一貫した問題追究に備えたい。

　情報メディアの用途について言及しておきたい。近・現代（19〜20世紀）は，悲しいかな戦争と紛争，民族問題等が頻発する暗澹たる世紀となってしまった。しかも，近代兵器の開発が急速にすすんだこともあって，大量殺戮が幾度となく繰り返されてきた。そして，21世紀もまた苦難の歴史が重ねられようとしている。それは，歴史からの学びが未だ不足していることの証であろう。そして，戦争や紛争や諸問題の原因自体が増殖し，混沌としてきたことの現れであろう。当事者もまた解決の糸口が見出せないほどに，事態は混迷の度を増しているのである。そうした情況下にあって，歴史学習の担うべき役割は一層大きくなっている。世界各地で起きているさまざまな問題について，子どもたちが強い関心と問題意識を抱くようになるかどうかが問われているのである。その前提となるのが，問題事象に関する正確な理解であることはいうまでもない。しかし，すでに述べたように，それは決して容易なことではない。だが，好都合なことに情報機器の進歩は，近・現代の歴史を映像と音声によって生々しく再現することを可能にしてくれた。しかも，情報の開示が世界規模ですすんでいる今日では，問題の真相を知るためのキーポイントとなる映像が，容易に入手できるようになった。百聞は一見に如かずの諺どおり，映像の説得力は驚くほど大きい。ビデオの映像を短時間視聴しただけでも，事態の真相を有り体に見て取ることができる。少なくとも現実感をもって垣間見ることができる。それは自らの生活経験に照らし，重ねつつ視聴するからであろう。かくのごとく，特に視覚に訴える情報メディアの活用は理解の促進につながるばかりでなく，問題を切実感を持ってとらえるうえでも大きな働きをするのである。

次に，上述した追究につながるであろう学習問題を例示する。「明治政府が富国強兵政策をとったのはどうしてか」，「明治政府は西欧化政策を推進したが，民衆の考え方も変化したのか」，「学校教育が始まった頃の教科書は，どんな内容だったのだろう」，「日本は列強国の植民地にされるところだったのに，なぜ（辛い経験を忘れて）韓国を併合したのか」，「アジアへの侵略に賛成する人たちが多くいたのはなぜか」，「戦争に反対する人が少なかったとすれば，それはなぜか」，「当時（明治，大正，昭和初期）の人々の外国に対する見方はどうだったのか（今とどこが違うか）」，「イギリスの植民地であったアメリカは，独立戦争によってやっと支配から解放されたのに，なぜ平気で日本に不平等条約を押しつけたりしたのか」，「民族問題や宗教紛争はなぜ起きたのか」，「国際連盟が世界平和を守れなかったのはなぜか」「日本が高度経済成長を遂げたのは，国民性と関係があるのだろうか」。

　以上の学習問題におよそ共通しているのは，各時代の主要な思潮や価値観や人間観とその生成に影響を及ぼした要因を明確にしたうえで，検討を加えるべく角度づいている点である。それらの検討を通して，子どもたちは今日のさまざまな思潮や価値観や人間観を相対化し，評価するための有力な基準（視点）を自らの内に形づくってゆく。

　なお，上記の「要因」としては，たとえば福沢諭吉の「脱亜論」（1885年）があげられる。そこにおいては，対アジア政策について明確な方向づけがなされており，文語調で書かれているものの趣旨はとらえやすい。しかし，高校教科書（たとえば，山川出版社『詳説　日本史B』）に引用されるレベルのものなので，小・中学校の実践で用いる場合は解説を要する。

　近・現代史の扱い方として，これまで述べてきたことはやや高度に過ぎるかもしれない。しかし，私たち（子どもたち）が直面している難題のほとんどは歴史的背景を持ち，それを知ることなしに的確な問題解決の方途を模索することはできない。よって，理解を促進するための工夫の余地こそあれ，あえて避ける所以はなかろう。

4 公民的領域

　中学校指導要領では，公民的分野を，地理的分野および歴史的分野を基礎とし，それらを統合するものとして位置づけている。また，判断力，表現力等の実践的な能力を養うための分野として位置づけている。小学校指導要領でも，各分野の学年配当と能力養成に関する記述内容からみて，これに準ずる位置づけがなされていると考えられる。こうしたことからも公民的領域の授業は，問題解決学習によることが望ましいといえよう。しかも，学習問題の糸口となりそうな"話題"や"出来事"は，新聞紙上の随所に見出すことができる。

　ところで，公民教育の土壌（いわゆる潜在カリキュラム）としての社会環境，家庭生活，学校（学級）生活，あるいはマスメディアの影響等に目を向けるならば，そこにはさまざまな負の要因が潜んでいることに気づく。たとえば，モラルの低下や凶悪犯罪の横行に象徴される社会秩序の乱れ，過保護，過干渉，放任家庭の増加，競争原理が浸透した教育体制，集団への同一化を強要する管理主義的な学校・学級体制，不健全なテレビ番組や情報の氾濫などである。昨今，各地の成人式でみられるようになった"だだっこ成人"たちの醜態，都会の街角を刺激を求めて徘徊する弱小の若者たち，数十万人ともいわれる"ひきこもり"等の憂慮すべき現象は，それら負の要因が複合的に作用してもたらされたものではないだろうか。いずれにしても，子どもたちの社会的成長を阻害したり，歪めたりする，別言すれば，非社会化，反社会化へ誘う負の要因の影響力は底知れず大きい。その点を看過して公民学習をすすめるならば，学習の空疎化は免れまい。したがって，授業構想を立てる際には，子どもたち一人ひとりについて，その未来像を描きたい。個々の子どもに目を向けることで，その子がかかえている問題性が把握できれば，具体的かつ確かな目標設定が可能になるからだ。なお，目標設定は，子どもの成長（変化）の様子をとらえつつ段階的に行う必要がある。それによって，学習内容や方法の選定もより的確にできるようになる。なお，参考までに教育目標となる子ども像の例を掲げてお

くならば，それは自分なりの社会観や人間観を持ち，しかも自らを発展的に変化させていくことのできる子であろう。また，自らの将来，未来社会についてのしっかりしたビジョンを持った子であろう。

さて，「歴史」の場合にもいえることだが，「公民」の問題解決学習においては子どもたちの感情が揺り動かされることも少なくない。切実感を伴っているという意味で，それは好ましいことだが，一方では情動に駆られて早急な判断，偏った判断を下してしまう心配がある。そうした問題については，どのように対処すればいいだろうか。

心情的になるのはやむを得ないとしても，早急な判断，偏った判断を下してしまうのは，情報不足や情報自体の偏りに起因している場合が少なくない。あるいはまた，判断の拠り所となっている子ども自身の価値観や信念が強固である時にも，そのようなことになりやすい。したがって，一つには，事柄の背景に迫る学習展開が望まれる。ここにいう背景とは，たとえば「事柄」の当事者たちの思惑や葛藤や視野の広さ，あるいは歴史的な経緯などである。そうした点についての理解が深まると，出来事や人物に対する評価が一転することもある。それは，私たちが日常的に経験しているところであるが。もちろん過度なまでに深入りをはかったり，一事に時間をかけ過ぎたりすると，疲弊して学習意欲が減退するといった別の問題を生じることも十分ありうるので注意が必要である。そのような事態の発生を防止する意味でも，日頃から子どもたちの学習情況を，角度を変えつつ把握するように努めたい。

先の問題に対処するためのさらなる手立てとして，判断の拠り所となる情報バランスの調整をはかる方法がある。ことに，価値判断や事の是非が問われるような学習問題の場合には，そのように考察の幅を確保することで，より客観性の高い，深みのある，柔軟性に富んだ思考判断が見込まれる。バランスの具体的な調整方法としては，対立的な意味あいを含んだ情報を教師の側から提示する方法や拮抗場面を意図的に設定する方法などがある。しかし，これらの方法が形式的，操作的に実践された場合には，子どもたちの主体的活動の幅を狭

めたり，実りの乏しい論議のための論議に陥ってしまったりすることもある。よって，子どもたちの学習情況の把握は，やはり欠かせない。子どもたちの間で意見が対峙しているときなどは，むしろ推移を見守るべきであろう。また，意見の大勢が一方に片寄ってしまったときなどは，既述した事柄の背景を考えさせる方法や，見落としている点（思考の盲点）に気づかせたりする方法もある。

　なお，上述の方法は，次のような別の意義を含んでいる。それは，子どもが変容する契機ともなりうるということだ。なぜなら，思考判断の拠り所となっている価値観や信念が，意見交換や問題追究を通して揺さぶられ，新たなものになってゆく可能性を秘めているからである。

　教科書についてふれておきたい。指導要領の趣旨を反映してか，教科書の随所に問題（課題）解決的な学習のための「問題」が例示されている。しかし，それらは相互の連関が乏しく，深みも余りなく，むしろ調べ学習に適しているように思われる。その意味では，問題解決学習へのステップとして位置づけることもできよう。また，教科書は公民学習のテーマや課題を網羅するかのように間口が開かれており，"学習課題マップ"然とした趣がある。言い換えれば，広く浅くを旨としている感がある。かくして問題解決学習の実践を展開するには，教科書の内容を踏まえつつも，切実な学習問題の成立をめざすことが必要であろう。

　さて，次項からは，便宜的な分野区分を行ったうえで，実践方法の要点を述べてゆく。なお，そこではポイントを尽くすために，単元区分のより明確な中学校の実践を想定して論を展開するが，小学校の実践にも適用できるよう配慮したつもりだ。

現代社会と私たちの暮らし

　私たち日本人の多くは，日頃それと意識することもなく豊かで恵まれた生活を送っているのかもしれない。そのためか，豊かさの中に潜在するさまざまな

問題点に関しては何らかのきっかけでもないかぎり，なかなか目を向けようとはしない。それは，子どもたちとても同様であろう。こうした現状を鑑みるならば，その問題点の存在に気づき，よく知るための学習段階が重要な位置を占めることは，いうまでもない。解明せずにはいられない切実な問題の焦点化は，自らの生活を見返すことをから始まるからだ。したがって，学習の端緒は，どんなにささいなことであっても構わない。なお，豊かさの由来（歴史的経緯に関する問題）については，他の節で取り上げることにする。

まず学習問題を掲げる。「私たちの食生活と健康との間には，どんな関係があるのだろうか」，「食品添加物はどんな害をもたらすのか」。これらは，どちらかといえば「気づき，よく知る」段階のそれだが，重大な問題の存在に気づくべく角度づいている。うすうすは知っているし，幾ばくかの不安も抱いている。しかし，明確には知らない。それゆえに，わかればわかるほど切実感が増してくる可能性の大きい問題である。特に前者は，一般に栄養豊富＝プラスという既成観念があるだけに，盲点となりやすい問題である。これらの問題の解明を通して食文化のあり方について再考することになれば，本当の豊かさとは何か，私たちの暮らしは本当に良くなったといえるのかといった新たな問題追究へとつながってゆくであろう。

「情報社会の良さと問題点は何だろう」，「個人情報が漏れるとどんな問題が起きるのだろう」。これらは，いずれも「知る」ということに力点をおいた学習問題である。子どもたちは情報社会の利害性について断片的には知っているはずだ。特に「利」の面については，日頃から恩恵に浴している子どもも多かろう。しかし，「害」の面については，マスコミなどで報道される「事件」として認知してはいても，自分とのかかわりで知る機会は案外少ないのではないだろうか。そもそも直接的な被害を受けることが，めったにないだろうから。よって，学習の糸口としては，保護者への聞き取り等，実際に見聞してみることが有効であろう。目標となるのは，子どもたち自身の生活の客体化であり，見直しであり，情報社会における利害発生の可能性を探ることである。

私たちの生活と憲法

　憲法が国の根本法であることは，子どもたちも知っていよう。しかし，子どもたちは，社会の仕組みから自分たちの日常生活までが，憲法にもとづいて秩序づけられているという実感はほとんど持っていないのではないだろうか。公民教育の視点でみるなら，そのこと自体がまずもって大きな問題である。子どもたちの中に，憲法に対する興味関心は多少ともあると思う。したがって，「日本国憲法を読んでみよう」という問いかけは，子どもたちの賛同を得やすいことであろう。第3章までを一区切りとするのが適当であろうか。読み進めるにしたがい，疑問点が続出するだろう。その一つ一つが学習を深める出発点となりうるが，条文に記されていることと現実がかけ離れているのではないか，といった疑問や批判的な意見が必ずや出てくる。それが切り込み口となって深い追究へと発展していく可能性が大きい。その追究は，そうしたずれが出てくる背景を探り考える好機となる。また，憲法が唱える理想と自分たちの理想とを対置したり，重ねたりする機会ともなる。

民主政治とそのしくみ

　若者の政治離れが問題視されるようになってすでに久しいが，そもそもの原因はどこにあるのだろうか。日本には昔から，大人の問題に子どもが首を突っ込むのを厭う風潮があったように思う。そのためかどうか，子どもたちは政治の話題からも遠ざけられる傾向にあったように思われる。考えてみると，子どもたちの日常会話の中ではもちろん，社会科の授業の中でさえ政治に関する問題が卑近な話題になることはほとんどない。そのことと上に述べたことは，はたして無縁なのだろうか。

　時期や種類にもよるが，選挙の投票率が低調である場合が少なくない。その事実は政治が選挙民から間遠いことを明らかに示唆している。その責任の大半は，党利党略に走りがちな政治家たちの側にあると思われる。しかし，選挙民の側にも，政治に背を向けようとしている点で，責任のあることは否めない。

かくして，子どもたちの生活する政治教育の環境は，決していい状態にあるとはいい難い。政治教育の課題は大きいのである。

　国内にも，国際的にも政治的懸案が山積している昨今である。政治に無関心であることが許されない状況にあるといってもいいほどに。しかも，懸案となっている問題の多くは，何らかの意味でつながりを持っている。よって，それらの問題のどの一つを授業で取り上げたとしても，追究が深化発展していく可能性がある。要は，政治的懸案の一つを授業で扱う踏み込みが実現するか否かであろう。もし，実現すれば，子どもたちの政治的関心に小さからぬ変化が生じるにちがいない。

　さて，行政の機能に関して理解を深めていこうとするときにも，障害要因がある。それは，大抵の子が行政を縁遠いものに感じているということである。したがって，教科書を講読し教師が解説を行ったとしても，"実感をもってわかる"ことは難しかろう。理解の糸口として有力なのは，身近な人からの聞き取りである。特に不満を感じている問題について事情が聞けたならば，子どもたちの問題意識が喚起される可能性も大きい。そこからの深化発展は学校とクラスの実情による。

　また，かつてより実践されてはいるが，ごみ処理工場の見学も行政の仕事が身近に感じられるようになる点で，大変有効である。自らの生活と行政の仕事との結び付きが発見できたときには，小さな感動を覚えずにはいないだろう。そのことは生活の見直しへとつながっていく。

　不況のあおりを受けてホームレスが急増している（全国で約3万人）。諸外国でも同様の傾向がみられるようだが，日本の場合は生活保護の受給者資格の基準が厳しく，そのことがホームレス増加の一因になっているという。ホームレス者をどう支援救済するかという問題は，行政の課題であるとともに社会全体の問題でもある。その意味で，子どもたちに考えさせたい問題の一つである。加えていえば，差別と偏見がもとになっていると思われる若者によるホームレス者への暴力事件の続発は，公民教育のあり方が問い直されるべきことを強く

示唆している。なお，ホームレス増加の問題は，構造的かつ複合的な問題である。よって，それは単元の枠を越えて扱いたい問題でもある。

経済のしくみと私たちの暮らし

　消費者の一人として経済のしくみの中に取り込まれている子どもたちにとって，経済の総体を対象化することは難しかろう。余程冷めた目でみようとしないかぎり，その本質を見極めることなど到底できないだろう。したがって，何を糸口として経済のしくみに迫っていくかが，最も肝要な問題となる。子どもたちにとっても大人にとっても今や重宝な存在となっているいわゆる"100円ショップ"は，経済のしくみに迫っていくうえでのさまざまな手がかりを提供してくれる。「どうしてそんなに安くできるのか」，「安くできる背後にはどんなしくみが隠されているのか」といった疑問は，利用経験のある人ならば誰しもが抱くことであろう。こうした疑問は，そのまま切実な学習問題になりうる。真相がわからなければ安心できないという猜疑心は，容易に拭えないからである。これらの疑問を解明する過程でみえてくる事実や問題点は多数ある。すなわち，生産地の特定，生産費削減のための工夫，国内生産の場合との賃金格差の問題，生産国の経済情況，海外生産の製品を国内に持ち込んだ場合の関税の問題，国内生産者への影響の問題など枚挙にいとまがないほどである。かくして，調べ学習がすすむと安さの理由がみえてくるが，同時に新たな疑問や心配事が生じてくることになる。その一つが，経済競争の激烈さである。競争が激しくなればなるほど商品価格は下落し，消費者にとっての利便性は増すが，そのしわ寄せが必ずやどこかに出てしまう。それはどこになのか，またそれによってもたらされる実害はどのようなものなのか。経済のしくみを知ることは，生きることの厳しさの理解に直結する。その理解は，後に人間理解と国情の理解を深めるうえで小さからぬ拠点となるはずだ。

　現代の日本社会は激烈な競争社会である。経済発展を国是として掲げ，国際競争力をつけるべく社会システムの整備を行ってきた結果，社会の隅々にまで

競争原理が浸透することとなった。その弊害の大きさを象徴するのが過労死であろう。悲しいかな"Karoshi（過労死）"は，今や国際語となっている。子どもたちの生活も決して例外ではない。小学校から，あるいは入学以前から競争に勝ち抜くための勉学にいそしんでいる子どもたちも少なからずいる。高度経済成長の達成後はそうした社会（教育）のあり方を見直す機運も生まれたが，不況を迎えると以前にも増して競争の必要を唱える言説が飛び交い，競争主義の強化拡大につながっている。これでは社会の病理現象がますます広がり，深刻化するのではないか。科学技術立国をめざす以外に，日本のすすむべき道はなさそうにも思える。しかし，それ一辺倒では，国の内部から崩壊してゆくおそれはないのか。その兆しがすでに現れているように，私には思えるのだが。

　以上述べたことが的を逸していないとすれば，日本の社会（経済体制）は大きな難題を抱えていることになる。では，どのようにして子どもたちに，社会の現実を見せればいいのだろうか。希望を持たせるために，光の側面を強調して見せるべきだという考え方もあろう。問題意識を持たせるために，陰の側面を強調して見せるべきだという考え方もあるだろう。しかし，前者ではゆくゆく現実にまみれ，自分を見失うおそれもある。後者では社会参加に消極的になるおそれもある。子どもたちには生きる意味を事に触れ折りに触れて問い返し，より有意義な生き方をめざすようになってもらいたいと思う。そのためには社会が抱える問題を直視しつつ，理想的な社会（経済体制）を思い描く機会を保障することが必要であろう。前者については，新聞等から学習問題の端緒を見出すことができる。後者についてはどうだろう。日本の国情を視野に入れ，現実的かつ理想的な経済活動のあり方を思い描くことは必ずしも容易ではない。よって，何らかの手がかりを用意しておきたい。貿易の新しい考え方として成長過程にあるフェアトレード（公正貿易）も，有力な手がかりの一つである。それは「途上国の生産者が伝統技術や適正技術を使って生産した商品を公正な価格で輸入し，彼らの自立を支援しようという」（『THE BIG ISSUE JAPAN 第8号』13ページ）貿易のやり方である。それは利潤追求を至上価値とすることな

く，輸出国の経済発展や環境保全に配慮し，格別で安全性の高い品を求める輸入国の消費者のニーズにも応えようとするものである。こうしたタイプの経済活動は，今のところ少数派である。しかし，人々の視野が世界へと広がるにつれ，確たる位置を占めるようになるにちがいない。フェアトレードは，公民学習のさまざまな観点を含み持っている。その点でも，モデルケースとして扱う意義は大きいのではないだろうか。

近未来の世界平和

情報社会は，人々の意志疎通を驚くほど緊密にした。はるか遠く離れた人々の間でも，国境で隔てられた人々の間でも思いや考えを容易に交換し，共有できるようになった。今日では情報の陰になっている部分は少なくなり，問題的側面も白日の下に晒されることが多くなった。策謀をめぐらす一部の権力者にとって，これほど不都合なことはあるまい。一方，平和を希求する人々にとっては，好都合にも日常的に手を携え，協調協力し合えるようになった。一昔前までは，世界平和といえば，どこか夢物語然としていた。その言葉をいくら唱えても，蹂躙されることが目に見えていたからである。しかし，ようやくにして世界平和が現実味を帯びて来つつある。公民学習のテーマとして重みを持つようになって来つつある。

「世界平和は本当に実現するのだろうか」という学習問題は，世界各地で頻繁に起きている戦乱や紛争やテロ事件の報道に接し，心を痛めているであろう子どもたちの内なる叫びそのものである。子どもたちは，世界平和実現の確証を求めているにちがいない。だから，その探求の機会を保障したい。幸いにも，EUの提唱から今日に至るまでの歴史は，最も有力な「確証」の一つとなりえよう。前途には不安を抱えているものの，少なくともここ半世紀，EUに加盟する国々の間では戦争が起きていない。また，戦争を二度と引き起こすまいという強い決意が，各国首脳の言葉からもうかがえる。そうしたEUの姿勢は他の国々にも強い影響を与えつつある。EUの歴史を学ぶことによって，やろう

と思えばできる，という心証を得ることが大切である。その心証は，その後に子どもたちが国際関係について考えるうえで，大きな拠り所となるはずだ。

第4章　理科の実践

　平成10年学習指導要領は，自ら学び自ら考える力の育成をはかるべく体験的な学習や問題解決的な学習の重視を謳っていた。それは，児童生徒の興味・関心を生かすという改訂趣旨にも通じていると思われる。ところが，平成11(1999)年の国際数学・理科教育調査（TIMSS）で，子どもたちの"理数離れ"が明らかになった。そして，平成14(2002)年に文科省が実施した学力調査の際の意識調査では，理科における体験的な学習の内実である観察・実験の意義を，子どもたちが理解していない（およそ4～6割）ことが明らかになった。これらの事実は，体験的な学習の重視が改訂趣旨の実現，および"理科離れ"の改善につながっていないことを物語っている。さらにいえば，"理科離れ"の原因究明が，正鵠を逸していたことを示唆している。では，"理科離れ"の真の「原因」はどこにあるのか。

　昭和33年の要領改訂以降，「基礎・基本」の定着が格別に重視されてきた。そのために理科教科書は，小・中学校用を通じて，およそ次のような作りになっている。すなわち，各単元の左ページには学習課題が示され，それに続くページ（通常は右ページ）にはその答にあたる知識内容（「基礎・基本」）が記載されている。たとえば，「花のつくり」の単元の最初のページには「アブラナの花は，どのようなつくりになっているのだろう。」とあり，次のページには花の分解図が載っている。教科書に従って授業をすすめた場合（「基礎・基本」の定着が至上の責務とされている以上，大半の教師がそのようにしているはずだ），こうした内容構成が大きなマイナス効果をもたらすことは，歴然としている。まずこの唐突な学習課題が，一体何人の子どもに受け入れられるであろうか。そのように問い掛けられたからといって，花を観察してみようという気になるだ

ろうか。しかも，次のページにはその「答」が明示されている。つまり，わざわざ考えるまでもない作りになっているのである。これでは，ただ知識を受け入れるだけの，むなしい学習が繰り返されるばかりである。子どもたちが理科嫌いになるのは，至極当然であろう。

　重ねていおう。体験的な学習，すなわち観察や実験を増やせば，理科が好きになるだろうという考えは早計である。自らが受けてきた理科教育を振り返って記した，一学生の次の切なる言葉はその傍証となりえよう。「実験をするときには，教科書に書いてある通りの結果にならなくてはいけないと思い，とても緊張していた。実験は嫌いだったし，苦痛だった。」

　上の言葉から，「基礎・基本」の重圧が教師ばかりか，子どもにまで及んでいることがわかる。観察や実験のおもしろさは，予想外の発見をしたり，仮説が実証されたりしたときにこそ味わうことができる。あらかじめ到達目標としての「結果」が定められ，自由追究の余地のない状態では，おもしろさも半減してしまう。このような自明とも思える問題点が，これまで何故に放置されてきたのか。私のみるところそれは，系統主義の学力観に縛られてきたからであろう。その学力観の特色は，「一般から特殊へ」（基礎的知識の習得それから具体的問題への応用）という演繹的思考を前提としている点にある。そのために，何はともあれ一般知を与えてから，という結局的に子どもの側の事情を度外視した指導の論理が，まかり通ることになったのではなかろうか。してみると，現教科書に掲げられている学習問題は，子どもたちの意識を「基礎・基本」へ方向づけるための働きをしているにすぎないともいえる。もっとも高校教科書では，通常それさえも掲げられていない。

　なお，問題解決学習の学力観は「具体から一般へ」と向かう帰納的思考を前提としている。ゆえに，理科の問題解決学習は，具体経験を知に結ぶための創造力や統一力を要することになる（それが「解決」の段階に相当する）。現指導要領が体験的な学習や問題解決的な学習を重視しているのも，とりわけ創造力の育成をめざしているからであろう。しかし，実のところそこでは「基礎・基

本」の習得を旨とする系統学習（系統的指導）を主体とし，そこに補足的な単なる方法としての問題解決学習を取り入れる形になっており，両者間の論理的な統一性・整合性は確保されていないに等しい。その端的な現れが，先に述べた「基礎・基本」の重圧による思考の制約である。そうした制約があるかぎり，創造性の芽が摘み取られてしまうことは目にみえている。

とはいえ，自由追究による観察や実験は，その場限りのとりとめのない活動へと拡散していくおそれを常に秘めている。追究が深まることなく，新たな知識（見方）の形成に結びつくこともない実りの乏しい活動へと。そうした難点の発生を制御し，具体経験を知に結ぶ働きをするのが学習問題であるはずだ。だが，理論上は成立しそうに思える「具体から一般へ」というプロセスは，本当に実現しうるのであろうか。次に，その可能性を例証すべく一つの実践を紹介したい。ただし，それは問題解決学習として実践された授業ではないので，補足してモデル化をはかる。

小学3年生の授業で，単元は「花のつくり」（現在は5年生の単元）。さて，導入の段階で教師は，次のように指示した。「教科書を机の中にしまって下さい。今からみなさんにアブラナの花を一本ずつ配ります。よーく見て何か気がついたことや疑問に思ったことがあったら，後で先生に教えて下さい。花はちぎっても構いませんよ。」

この指示の意図は，教科書による認識の先回りの未然防止，自由追究の奨励，経験の意識化（対象化）にある。周到な指示が功を奏し，子どもたちは一心不乱にアブラナの花に見入っていた。ほどなく花を分解し始める子も出てきた。その中の一男児が，突然大きな声でこう叫んだ。「あっ，中に卵が入ってる！」彼は指先でメシベをつまんで，じっと見つめていた。彼が見たものは，もちろん種子にほかならない。しかし，その粒状の形態といい，大きさといい，半透明である点といい，彼にとってそれは魚の卵以外の何ものでもなかったのであろう。そこにあるはずのないものを，彼は見つけた。だからこそ感動を覚え，大声を発したのであろう。系統学習では知識の確認のための観察になりが

ちだ。だから，このような混同は起きにくい。だが，果たして彼の発見は，混同にすぎなかったのだろうか。

　系統的指導の下では，「卵」と呼んだとたんに訂正が求められることであろう。「系統」という言葉の通り，植物（学）と動物（学）は厳密に区別される必要があるからだ。しかし，理科の問題解決学習では，自由追究が大いに支持されるので既成概念にはとらわれにくい。だから，種子を卵と呼ぶ誤認が生じたとしても不思議はないし，すぐに訂正を求められることもない。しかも，そこから次のような学習問題が生まれる可能性もある。「メシベの中にある粒々を，卵と呼んではいけないのか」 種子と卵の間にはいくつもの類似点がある。それどころか，高い同一性が認められる。前記の学習問題は，そのことを明らかにする方向性を有している。もし，それが明らかになれば，メリットは大きい。動物との対比を介してアブラナ（植物）の理解が深まるし，動物と植物は対照的な存在だと決めつけている先入観の壁が破られる。

　次のような疑問をノートに記していた子もいた。「アブラナの花びらは，どうして黄色いんですか。」私は，それを垣間見たとき，つい小さな笑いを漏らしてしまった。幼いゆえの純粋さが，愛らしくも思えた。ところが，授業参観後しばらくして，私はその疑問のことが気になり出した。もしかすると，あの疑問には答が存在するのではないかと思案し始めたのである。「花びらが黄色いのは，鮮やかな色で，ハチに花のありかを知らせるためではないのか」，「もしそうだとしても，ハチに色が識別できるのか……」次々と仮説や疑問が浮かび，いつの間にか参考書を手にしていた。そこにハチの色覚能力が図解されていた。ハチは黄色が識別できる。それが確認できたとたん，あの子の疑問は学習問題とするにふさわしいものだったのか，と改めて思い返された。構造や構成要素の一つ一つに"理由"がある。そう実感した一時であった。また，子どもたちにも，そう実感させたいと思った。

　アブラナの花のメシベとオシベを間近に見ていると，次のような疑問が湧いてくるかもしれない。「どうしてメシベの方がオシベより背が高いのか，それ

では授粉できないのではないか」という。この疑問は容易に解明できるそれではない。それでも学習問題として掲げられれば，さまざまな仮説が飛び交うことになるだろう。その中から「自分では授粉できないからこそ，ハチの助けを借りるのではないか」，「わざわざハチの助けを借りるのは，何かわけ（いいこと）があるからではないか」といった意見が出てくれば，正答に近づけたも同然である。あるいは時間を置けば，その解答（解説）が記された図書を見出す子もいるだろう。

メシベの方がオシベよりも背が高いのは（すべての花に共通する性格ではない），自家授粉を防ぐためである。すなわち，自家授粉による遺伝形質の劣化を防止するためである。この説明が子どもたちにとって高度すぎると思われる場合には，平易な例やたとえで教師が補足説明を加える必要がある。

さて，以上の追究によって子どもたちは，どのような認識形成を行いうるだろうか。予想されるのは，アブラナの花の外観上の特徴を越えて，その背後に隠れている一つ一つの理由（必然性や事情）を知るということである。しかも，それぞれの理由が意外性を含んでいるので，学習が一段落したとき，子どもたちはこんな感想を漏らすのではないだろうか。「花は賢い！」「花のことを少し馬鹿にしてたけど，結構すごい！」 読者諸氏においてはどうだろう。やはりこうした感想を抱かなかったであろうか。もし，その応えが肯定的であるとするなら，「具体から一般へ」と転じる帰納的思考が成立したことになる。なぜなら，具体（個的存在）であるアブラナに関するいくつかの知見を得たにすぎないにもかかわらず，花一般についての認識を形成するにいたっているからである。

帰納的思考のプロセス「具体から一般へ」は，確かに実現しうる。しかし，それにはいくつかの条件が満たされねばならない。その第一は，学習者が対象と対峙すること。第二は，学習者の保持している見方，考え方が最大限に発揮されること。第三は，学習者の見方，考え方が問い直され破られること。以上である。

なお，これらの条件が満たされるには，次のような状況が確保されねばならない。①対象が学習者にとって身近な存在であること（身近でないものについては，発展段階で扱うことを前提とする）。②知っている対象でありながら，新たな気づきや疑問が生じてくるものであること（どのような対象であろうとも，その可能性が大きい）。③②を可能にするための認知的葛藤や動揺を誘引するような問いかけ（動機づけ）がなされたり，学習問題が提示されていること。以上だが，偶発的に②が実現することもあるので，③は絶対的な要件ではない。ただし，③は②の実現を促す働きをする。因に，理科の場合，追究の切実性は体験的な学習活動を通して徐々に高まってくることが多い。

　補足しておく。理科の授業から子どもたちが離れていくという現象は，私の知るかぎり，20年以上前からみられた。当時の教育現場では，その対策として子どもたちの興味関心を喚起するためのさまざまな取り組みがなされていた。ある研究授業（中学2年）を参観した時のことである。その授業の目玉は，動物の細胞を特殊な装置で拡大し，テレビ画面に映し出すという導入方法にあった。映像が映し出された瞬間，子どもたちは感嘆の声を上げ教室中が沸いた。しかし，数分後に教師が細胞に関する説明を始めると，間もなくあちこちでおしゃべりが始まった。教師の落胆ぶりは，表情から読み取れるほどであった。そして，参観者も同様に落胆したことであろう。

　旧来，理科教育研究といえば，主として子どもたちの興味を喚起するような魅力的な教材や教具の開発にエネルギーが注がれてきたように思う。しかし，上述の例は，そうした研究が正鵠を逸していたことを示唆しているのではあるまいか。先の条件に照らしていえば，それはいずれの条件も満たしていない。その最大の原因は，研究者の意識がはからずも"子どもたちのご機嫌を取る"方向へ傾いていたことにあると思われる。それでは，あたかも手品でも見るような感覚になり，子どもたちは"観客"と化してしまう。子どもたちは当事者ではなく，第三者となる。そして，当事者は，頭と心を使っている教師だけだということになってしまう。子どたちが授業から離れ，教師が孤立するのは目

に見えている。

　私はもちろん，子どもたちの興味を喚起するような教材や教具の開発研究を否定しているわけではない。ただ，それより子どもの学習意識や認識形成の問題の研究を，優先すべきだと考えているのである。教材や教具の研究は，その成果を土台としてすすめることが望ましい。

仮説実験授業の検討

　仮説実験授業の理論は，1963～64年に国立教育研究所（当時）の板倉聖宣らによって提唱された。その主目標は科学的思考のおもしろさを子どもたちに実感させつつ，根底的な科学知識の習得をはかることにある。従来の理科の教育に対しては批判的な立場をとっており，科学教育の抜本的な改革を目途している。理論の創設以後も実践的な研究が積み重ねられ徐々に進化を遂げているが，その適用領域も理科のみならず社会科や数学へと広がっている。

　本書で仮説実験授業を取り上げる理由は，それが問題解決学習の要素を多分に含んでいることと，改善の余地を残していると思われる点にある。両者の対比は，問題解決学習の特性をより明確にし，同時に仮説実験授業の特性と課題を明らかにするものと考える。

　仮説実験授業は，その理論を具現化した「授業書」にもとづいてすすめられる。その内容はおおよそ，子どもたちの関心を当該領域へと誘うための"お話し"と，子どもたちの興味を引き立てるような一連の実験・観察問題，および実験・観察結果の確認の部分によって構成されている。問題は選択肢および空欄補充の形式で，各自が予想した"正答"の項目（実験，観察の「結果」が記されている）を選び終えた時点から，選択理由をめぐる意見交換が開始される。この過程が「仮説」を立てる段階に相当する。意見交換が一段落すると教師もしくは子どもたちが実験・観察を行い，真の"正答"がどれであり，先に提起されたさまざまな理由の中でどれが正しいかを確認する段階をむかえる。それが終わると次の問題へすすみ，同様の学習過程が重ねられていくことになる。た

だし，問題はより発展的で深い内容へと向かうよう順序づけられており，根底的な科学知識の習得が目算されている。また，問題は一題ごとに実験・観察の条件が変えられており，揺さぶりにも負けないような確かな知識形成がめざされている。次に検討に入るが，仮説実験授業の理論については，板倉聖宣著『未来の科学教育』（国土社，1990年）にわかりやすく述べられているので，これを主な対象としたい。

まず「授業書」の問題を掲げる。ただし，前掲書（128ページ）からの引用。

例題(1)

> ② ものの変化と重さ
> 〔問題 1〕
>   ここに、木のきれはし（木ぎれ）があります。その重さをはかったら ┌ ─ ─ ─ ─ ┐gありました。
>   つぎに、水のはいったいれものを、台ばかりの上にのせたら、はかりの目もりは ┌ ─ ─ ─ ─ ┐gのところをさしました。
>   これをそのまま台ばかりにのせておいて、その水のなかに、さっきの木ぎれを浮かしたら、はかりの目もりはどうなるでしょう。
> 予　想
> 　ア　木ぎれの重さだけふえる。
> 　イ　木をいれるまえと同じでかわらない。
> 　ウ　木ぎれの重さの半分くらいふえる。
> 　エ　木をいれるまえより重さがへる。
> 　オ　そのほかの考え。
> 討　論　どうしてそう思いますか。みんなの考えをだしあって討論しましょう。
> 実験の結果　┌ ─ ─ ─ ─ ─ ─ ─ ─ ─ ─ ─ ─ ─ ─ ┐

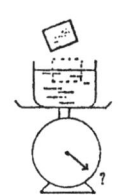

上の例題からもわかるように，「授業書」の問題が子どもたちの興味を引き立てる理由としては，次の４つが考えられる。①身近な素材をもとに作問されているので，経験知に訴えやすいこと。②経験と既習知識のいずれも，結果を予想する際の拠り所にできること。③②の特性があるゆえに，認知的な葛藤を生じやすいこと。（スリルがある）④結果の予想を端的に表現した項目があらかじめ列挙されているので，考えが焦点化されやすいこと。
　因に，②および④により，どの子も存分に考えをめぐらすことができるという長所がある。
　「予想」が終わると選択理由をめぐる討論に移るが，板倉はその中身を次のように例示している。
イ　木は水に浮くんでしょう？木が水に浮くということは木の重さがなくなるということでしょう？だからはかりの針はうごかないと思います。
ア　木は水に浮いたって，はかりの上にのっているのでなくなるわけはないから，やはりそれだけ重さがふえると思います。
ウ　木は水に少しもぐっているのだから，なんとなくそう思います。
エ　水に木が浮くのは浮力がはたらくからでしょう？だから，その浮力のぶんだけ軽くなると思います。
　　　　　　　　　　　　　　　　　　　　　　　　　（前掲書，129ページより）

　板倉は続けて「これらの理由は一面みなもっともそうにみえます。だからこの討論はかなり活発にもなり，かなり緊張した雰囲気の中で行われます。そして最後の実験はアの考えの正しいことを明らかにします。」（前掲書，129ページ）と述べている。だが，この見解には飛躍と遺漏がある。すなわち，実験は選択肢のアが正答であることを明らかにするのであって，アを選んだ理由説明が正しいことを明らかにするわけではない。しかも，アを選んだ子どもたちの中には，予想段階で正当かつ正確な理由説明ができなかった子どももいることだろう。また，誤答を選んだ子どもたちに対する事後指導の問題については，看過もしくは軽視されているように思われる。たとえ実験後に解説が加えられ

たとしても，それがアの正当性を説くためのものであれば，ごく一部の子どもたちを除いて考え方の隔たり（誤答である理由等）を埋めることはできまい。

　こうした問題点を克服するには，実験結果に照らして自らの予想と理由説明について顧慮するための時間をとる必要がある。そして教師は，それが首尾よくできたかどうかを確認し，もしできていなければ何らかの補足説明をしなければならない。だが，場合によっては，実験結果もしくは説明に納得がいかないという子どもや，新たに生じた疑問を解明すべく別途の実験を試みたいという子どもが出てくる可能性もある。あえて区分するなら，問題解決学習はそのように独自の追究意識を抱いた時点から始まる。知識理解は個性的にしか成立しえないのであり，その意味で問題解決学習は不可欠であるといえよう。だとすれば，もとより仮説実験授業を学習の問題意識を培う段階として位置づけ，問題解決学習を後続させるという授業構成も考えられる。

　さて，すでに述べたように「授業書」の一連の問題は，条件設定を変えつつ徐々に深化発展してゆくよう順序づけられている。その究極のねらいについて板倉は，「『知が力』であるような，そういう科学の一般的普遍的な概念・論理・法則を教えるのでなければ，仮説実験授業の本来の特色は発揮できないのです。」（前掲書，177ページ）と述べている。この一節から，科学知識に対して絶対的な信頼を置いていることがうかがえる。それがすなわち，板倉の学力観なのであろう。だが，そこには次のような難点がある。第一は科学知識を過信しているために，知識を擬人化してとらえる錯誤を犯している点である。言い換えれば，主体者不在の学力観に陥っている。第二は，前者と同じ理由で，基礎性の高い特定の科学知識だけが，正しい判断の拠り所になるものと速断している点である。

　いかなる生物，物質，現象にもさまざまな科学的要素が混在している。そればかりか科学的には未解明の要素も潜在している。よって，それらの対象に正しくアプローチするには，種々の科学知識を必要に応じて使い分けたり，組み合わせたり，場合によっては経験的判断を優先したりする柔軟で創造的な能力

が必要である。仮説実験授業は板倉の意に反して，実のところそのような力を育てるうえで大いに有効なのではなかろうか。別の角度からいえば，板倉が究極の到達点と考えている普遍的な科学知よりむしろ，そこへ向かう過程で獲得される知見や思考力や判断力こそに注目すべきではないだろうか。

　ところで，仮説実験授業では基礎性の高い知識が究極の到達点とされているために，知識の縦の系列が重視され，横の連関は軽視されている。しかし，上述したように実在するものにはさまざまな科学的要素が混在している。よって，知識の系列を超越した総合的な観点なくして，その本質に迫ることはできない。人の呼吸がその典型例である。呼吸作用自体は生物学の視点からとらえるのが相応しいとしても，取り入れられた酸素がどのように使われるのかを知るには化学の視点が必要となる。さらにまた，酸素との結合で生成された物質が体内でどのような働きをするのかを知るには，エネルギーの変換に関する物理学の知識が必要になる。

　以上のことからも，疑問から疑問へ，問題から問題へと深化発展してゆく問題解決学習を後続させることが望ましいといえよう。

身近な素材を題材として

　生活用品や食品等の身近な素材を追究の対象とすれば，自ずと問題解決学習が成立する可能性が大きい。たとえば，高分子吸収体である紙おむつや発熱調理器ではない電子レンジ，あるいは防腐剤としての薬味や種々の紙，石鹸，シャンプーなどその特性の秘密を調べたり比較したりするだけで，次々と疑問が湧いてくる。しかも，それらは様々な知識や知恵の賜物なので，小さからぬ感動を覚えつつ学力が養われてゆく。また，それゆえに新たな応用や発展学習の可能性も開かれてくる。

　ところで，こうした学習では興味の連鎖が生まれるので，教師はアドバイザーに徹することができる。そのために主体的な学習者の育成にも寄与することになるだろう。

日常生活の中で生じた疑問から

　私たちは日常生活の中で，何かにつけて多様の疑問を抱く。その中で理科的な疑問の占める割合は決して小さくないはずだ。しかし，それらの多くは忘れ去られる運命にある。切実な学習問題は，意図しても容易には成立しえないのが常だが，生活上の疑問は授業で取り上げられると，即座に切実な学習問題となる可能性がある。日頃から気になっていたこと，だからである。従来の理科教育研究においても，生活上の疑問を学習の糸口として位置づけようとする動きがあった。問題解決学習の実践にとって，その着眼はとりわけ意義深い。自らの問題を自らが解決するところに，その本義があるからだ。ただし，生活上の疑問は底の浅いものにみえながら，実のところ説明困難である場合が少なくない。したがって，そのような種類の疑問を集大成するような研究が待たれる。ここではその一端を紹介するにとどめる。

　問題解決学習の糸口となる疑問は，深化発展の可能性を秘めたものが望ましい。たとえば，金属（特に重金属）は，低気温下ではなくても，手で触れると冷たく感じられる。それはなぜだろうか。他の物質ではそのようなことはないので，余計に疑念が増大する。この疑問を解明するには「熱伝導」，「比熱」といった物理学の知識を要する。しかし，それらの知識を子どもたちに提示しても，疑問は容易に解消しないだろう。知識と自らの経験との間に，依然として距離が感じられるからである。たとえば，金属は本当に温度が低いのか，それともそう感じられるだけなのかといった疑問がどうしてもさしはさまってくる。子どもたちは自分自身を納得させるために，独自の"論理"を構築するほかはないのである。よって，知識を提示する以前に，子どもたちによる追究の時間を保障したい。そうすれば，疑問解明の手がかりを求めて子どもたちは話し合いや調べ学習を熱心に続けることであろう。試行錯誤を繰り返すことであろう。新たなる知識を自分の中で相対化するための足場は，そのようにして作られる。否，たくましい子どもたちであれば，教師の助けを借りなくとも先の知識を探し出し，"論理"の構築に役立てるにちがいない。

酸素と水素の性質について学習すると「では，両者の化合物である水はなぜ燃えないのだろう」という疑問が湧いてくる。子どもたちがすぐに思いつく理由は，水素と酸素の結びつきが強いからというものであろう。しかし，水はわずかながらHイオンとOHイオンに電離する。その知識に出会うと，疑問はさらに深まる。そして，仮説を立ててはそれを裏づけるべく参考書や教科書を調べるという学習が重ねられることになるだろう。その過程で出会い活用される知識は，原子と原子の結合エネルギーに関するそれであり，電解に関するそれである。

第5章　算数・数学の実践

　算数・数学では，何をもって問題解決学習と呼ぶべきであろうか。たとえば，文章問題を解くのは問題解決学習なのか。その点について，外観から判断することは困難である。あえて判断基準を示せば，指示されたとおりの方法で解いているか，創造的かつ応用的に解いているかということであろうか。しかし，こうした論議は必ずしも生産的ではない。算数・数学教育の問題解決学習は，授業構造そのものに大きな特徴があるからだ。しかもそれは，意味理解を疎かにし，やり方の指導に偏重してきた旧来の算数・数学教育を根底から改めるうえでも，大きな貢献をするはずだ。そればかりか創造力，応用力を養ううえでも，従前の課題である学力格差の克服をはかるうえでも，個性尊重を実現するうえでも大きな貢献をするはずだ。それが偽りではないことを示すために，また問題解決学習の基本形を提示すべく次にモデル授業を掲げることにする。なお，これは仮想授業である。

◎単元：分数の割り算（小6）
・学習問題「$3 \div \frac{1}{2}$ のやり方を考えよう」
　（約15分間，個人追究を行わせた後）
教師「皆いろんなやり方を思いついたようだね。一人で何通りかのやり方でやった人もいるよ。では，発表してくれますか。」
A子「私は式でやるやり方がよく分からなかったので，図に書いてやってみました。」

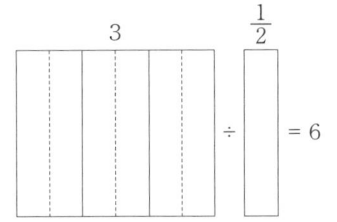

A子「この図を見ると分かると思いますが，3の中に$\frac{1}{2}$が6個入っていました。だから，答は6です。どうですか。」
B男「とっても分かりやすいです。見てるだけで分かりました。」
A子「ありがとう。でも，図を書くのが結構大変でした。」
C男「僕のやり方を説明します。僕は式を使ってやったんだけど，分数の割り算のやり方が分からなかったので，引き算でやってみました。」（板書）

$$3-\frac{1}{2}-\frac{1}{2}-\frac{1}{2}-\frac{1}{2}-\frac{1}{2}-\frac{1}{2}=0 \quad \rightarrow 6$$

C男「3から$\frac{1}{2}$が6回引けたので，答は6だと思います。どうですか。」
D子「私もC男さんと同じようにやりました。このやり方だと手間がかかって面倒だけど，間違える心配があんまりないと思います。」
E子「私のやり方を説明します。いいですか。私はそのまま式で計算しました。」
　　（板書）

$$3\div\frac{1}{2}=3\times\frac{2}{1}=6$$

E子「分数の割り算は，割る方の分数の分母と分子を逆にして掛ければいいので，こんなふうになりました。どうですか。」
C男「早くていいやり方みたいなんだけど，どうして分母と分子を逆にして掛ければいいのか教えて下さい。」
E子「…問題集にそんなふうにすればいいって書いてあったし，お母さんもそう教えてくれました。」
C男「それでは僕には分かりません。」
A子「私も分かりません。」
（E子，困惑してたたずんでいる）
教師「困ったね。誰か説明できる人いますか。」
（挙手する者なし）
教師「答は他の人と同じだから，きっとやり方は合っているんだよ。それに，早くていいやり方みたいだから，説明は次の時間に皆で考えることにしようか。」
E子「私，家で考えてきます。」
（E子，席に戻る）
F男「僕は掛け算でやってみました。割り算のやり方も知ってるんだけど，やっぱり分母と分子をなぜ引っ繰り返すのか分からないから，掛け算でやることに

しました。」
$$3 \div \frac{1}{2} \rightarrow \frac{1}{2} \times \boxed{} = 3 \rightarrow \frac{1}{2} \times \boxed{6} = 3$$
F男「四角の中に1から順番に数字を当てはめていったら，ちょうど6のところで掛け算の答が3になりました。だから，答は6です。どうですか。」
C男「僕のやり方より早いし，簡単です。でも，書いてない式や数字がありますよね。」
E子「F男さんのやり方とか，他の人のやり方を見ているうちに$3 \div \frac{1}{2}$の式の意味が何となく分かってきました。」
A子「私もそうです。式でやるやり方が分からなくて図でやったんだけど，式を使うやり方も$3 \div \frac{1}{2}$の意味も分かりかけてきました。」
(以下は，一日おいた次時の授業)
教師「今日は，この前の時間，E子さんが説明できなくて困っていた$3 \div \frac{1}{2}$の計算をするときに，$3 \times \frac{2}{1}$としても構わない理由を皆で考えるんだったよね。誰か，説明してくれる人いますか。」
(どの子も自信がなさそうな様子)
教師「じゃあ，先生も一緒に考えることにしようね。図を使ってやったり，引き算でやったりすると分かりやすかったんだけど，分数で割るというのはやっぱり何だか難しいよね。だったら，整数に直してから割ったらどうだろう。」
子ども達「あっ，なるほど。それだと分かりやすいかもしれない。」
教師「じゃあ，整数の何に直せばいい？」
子ども達「うーん，1でもいいんですか。」
教師「構わないよ」
子ども達「それだったら，1が一番分かりやすいに決まってる。」
教師「それじゃあ，1に直してやってみよう。$\frac{1}{2}$を1にするには，$\frac{2}{1}$を掛ければよかったね。すると，$3 \div \frac{1}{2} = 3 \div (\frac{1}{2} \times \frac{2}{1}) = 3 \div 1$という式になるよ。(板書)」
子ども達「あれっ，何か変だ。割る方の数だけに$\frac{2}{1}$をかけてもいいのかなあ？」
子ども達「そう言えば変だ。割られる方の数にも掛けないと不公平になると思う。」
子ども達「式の意味が変わってしまうと思う。割る方の数だけが大きくなってしまうよ。」
教師「じゃあ，どうすればいいかなあ。」

> 子ども達「割られる方の数にも $\frac{2}{1}$ を掛けたほうがいいと思います。」
> 子ども達「僕もそう思う。」
> 子ども達「私もそう思います。」
> 教師「では，そうしてみようか。」
> 　（教師，板書を訂正する）
> 　　　$3 \div \frac{1}{2} = (3 \times \frac{2}{1}) \div (\frac{1}{2} \times \frac{2}{1}) = (3 \times \frac{2}{1}) \div 1$
> 教師「これで1で割る式になったねえ。」
> 子ども達「…あれえ。先生，1で割っても元のままだから÷1は書かなくてもいいような気がする。」
> 子ども達「本当だ。」
> 教師「そうすると，こうなるよ。」（板書）
> 　　　$= 3 \times \frac{2}{1}$
> 子ども達「あっ，E子さんの式になった。何だ，そうだったのか。」

　次に，上の授業の意義について説明を加える。算数・数学の問題解決学習は，とりわけ導入段階でその真価を発揮する。そこで，導入段階の授業をモデル化した。導入の授業では一般に，意味理解に主眼がおかれる。数値を小さくし，割られる数の方を整数にしてあるのは，原理がみえやすくなるようにという配慮からである。意味理解は，通常教師主導で行われる。しかし，この授業では個人追究を土台として，教師の支援を受けつつ（内容が高度なので）子どもたちが協力して知識形成を行っている。問題解決学習による意味理解は，この授業のように"やり方"から入って"意味"の理解に至る場合と"意味"の直接的な理解をめざす場合がありうる。ここで敢えて前者の場合をモデル授業として提示したのは，それがいくつもの長所を含んでいるからである。なお，後述するように，後者では教師の果たすべき役割が大きくなる。

　上記の「長所」について述べよう。上の授業では"解き方（やり方）"を限定せず，子どもたちの自由発想に委ねている。そのために自分の力に合った"解き方"が見出しやすい。さらには，未知の"解き方"や自分の力を越えるような"解き方"を試みる余地がある。言い換えれば，発展的な学習が自ずと成立

する。そのため，追究のおもしろさが一層増大する。こうした過程で，どの子においても学習の土台（自分なりの考えや疑問を持つ状態）が築かれてゆく。また同時に個性の尊重が実現し，主体者意識も醸成される。別の角度からいえば，すべての子どもの"居場所"が確保されることになる。

"やり方"の発表の段階では，それぞれの考え方に対する評価が行われる。プラス面とマイナス面の指摘がなされることにより，知識の場面に応じた使い分けの力が養われる。またそれは，クラスメイトの工夫や努力を認める機会となり，人間関係に好影響を及ぼす可能性が大きい。したがって，どのような認め方をするべきか（「わかりやすい」，「間違える心配がない」などの言葉使い）という問題についても，随時に考えさせることが望ましい。いろいろな"やり方"を比較検討することは，知識の構造的理解につながる。すなわち，先の授業に即していえば，分数の割り算の原理および他の演算や解決方法との連関がわかるということである。"やり方"から入って"意味"の理解に至る学習が成立する所以は，ここにある。

「意味」の実質

先述した意味理解における「意味」とは，何を指すのだろうか。ここで，その実質を列挙してみたい。①（知識の）存在意義，独自性，必要性　②利便性，合理性　③仕組み，構造　④有用性　⑤系統性，他の知識との連関性　⑥（知識の）成立条件。

①〜④については，具体例をあげて補足説明を加えよう。

①の例──算数と数学の数式の違いより

> [例題] 100円の鉛筆を5本買ったら，残金が300円になった。はじめにいくら持っていたか。
> ・算数……$100 \times 5 = 500$　$500 + 300 = 800$
> ・数学……$x - 500 = 300$

数学では，まず数理的事象を数式へ変換する。答は形式的操作によって求め

る。算数では，数式への変換は行わず，結果から原因を推理し，たどるかのように立式する。また，算数では定数の数式に，数学では変数を交えた数式になる。したがって，算数では特定の数値についての限定的な問題解決となり，数学では任意の数値に開かれた問題解決となる。

①④の例——因数分解

因数分解することによって，式の構造分析が可能になる。それにより，たとえばある式と別の式がどのような関係にあるか知ることができる。

$2x+4$ を因数分解すると，$2(x+2)$ になる。それによって $2x+4$ は，$x+2$ の2倍の大きさの式であることがわかる。$2(x+2)(x+1)$ と $(x+2)(x+1)$ の関係についても，同様であることがわかる。

②③の例——二元一次連立方程式と一元一次方程式の違いより

二元連立方程式は，一元方程式とは違い，関数と見なすことができる。そのため，解は2直線の交点の座標として，視覚的に確認できる。また，交点の座標は，2つの方程式の共通解でもある。このことから，たとえば $y=2x+8$ と $y'=x+10$ において，$y=y'$ から $2x+8=x+10$ と表せる。これが消去法，代入法の原理である。

④の例1——通分の活用

通分は，分数を整数化する操作だともいえる。たとえば，$\frac{1}{3}$ と $\frac{3}{5}$ の大きさを比べるときには，通分して $\frac{10}{15}$ と $\frac{9}{15}$ にすると，整数同様に容易に比較できる。分数で表された確率を比較する場合にも，通分は有用である。また，分数同士の割り算は，演算の実態を感覚的にとらえることがきわめて難しい。しかし，あらかじめ通分を行えば，整数の割り算と同一化する。さらには，図示して視覚的にとらえることも，可能に（容易に）なる。通分といえば，分数の加減法に限られた操作というイメージがあるが，それは思い込みにほかならない。

④の例2——微分の応用

二次方程式を微分すると接線の方程式（一次関数）が求められるが，それは傾向分析や未来予測に応用できる。

なお，⑤については，前掲の仮想授業のようなスタイルの授業において顕在化し，理解が促進される。⑥は，意味理解をより確かにする補完的な働きがある。たとえば，連立方程式は常に成立するわけではない。関数としてみたときに，交点を有する場合のみ成立する。よって，$y = 3x + 2$ と $y = 3x + 4$ のような2式間では成立しない。

意味の理解をはかる授業

先に，"意味"の直接的な理解をめざす場合もありうると述べた。その場合は，教師の果たすべき役割が大きい。というのも，前項であげた"意味"の実質は，教師の示唆や方向づけなくして容易には見出しえないし，理解しえないからである。しかし，それでもなお問題解決学習の性格は，確保されているものと考えられる。なぜなら，"意味"とは，視点を換えていえば，専門家が知識を創造する際の問題意識および問題解決の成果だからである。また，学習者はそれを共有して追体験することができるからである。そしてもし，教師の示唆や方向づけを極力抑えるならば，子どもたちによる知識創造（問題解決）の余地は大きく広がる。

"意味"の理解によって生じるさまざまなメリットについては，すでに述べた。加えて指摘したい重要なメリットは，学習意欲の向上につながるという点である。知識の存在意義や必要性と学習者の必要感が結び合うと，学習の意義が実感できる。何のために学ぶのか，その理由がわかる。新たな学習動機も生まれる。従来は，その点に関してあまりに無関心すぎた。目的意識が希薄な状態でも学習を強いるということが，当たり前のように行われてきた。それでも近年まで学力低下が確認されなかったのは，「勉強は嫌でもやるもの！」という通念が浸透していたせいであろうか。あるいは，学習塾の陰なるバックアップによって，バランスが保たれていたせいであろうか。しかし，1999年の2月に国際教育到達度評価学会（IEA）が中学2年生を対象に行った調査で"理数離れ"が顕著となり，2002年の2月に実施された文科省の学力調査では学力低

下が歴然となった。私は，これらの調査結果を，算数・数学については，上記の問題状況を主原因とした当然の帰結と受けとめている。

　学力低下が判明した後，文科省はじめ教育行政機関は対応策を次々と打ち出している。たとえば，「基礎・基本」の定着と学力向上を目途した少人数学級による授業や発展学習の推進，あるいはドリル学習の充実や独自の学力テストの実施などを。だが，こうした方策は，対症療法の域を出ていないように思える。それは，学力低下の根本原因の解明が疎かにされたまま，ことがすすめられているからである。少なくとも，子どもの側に立って原因解明に努めているようにはみえない。一体誰のための"対応策"なのかと，つい疑念を抱いてしまう。このままで行けば，数値上の学力向上が実現したとしても，それはごく表面的な意味での問題解消にすぎず，人間形成的な側面での問題（たとえば，学習意欲と義務感の乖離）はさらに深刻化していくおそれが大きい。

教科書の扱い

　教科書の内容構成は，指導要領の趣旨に沿うように改められている。たとえば，従来のように模範的な解き方を初めから提示するのではなく，解き方の工夫例を数通り示すにとどめて思考力の育成に備え，同時に個性尊重の具現化をはかっている。また，学習問題を適宜に配置し，問題解決的な取り組みを促そうとしている。しかし，前者については，考える手がかりとしての例解，という受けとめ方をする子どもは皆無に近かろう。教科書自体が模範の象徴であり，権威としての重みを有していることに変わりはないからだ。したがって，例解によって思考が制限され，創造力が発揮されにくいという状況は，従来と大差あるまい。後者についても，大抵は類似問題の解答例が近辺に配されているので，独自の解決方法を案出しようという意欲は湧きにくいのではないだろうか。その点でも，従来の学習姿勢が改善される見込みは薄いと思われる。教科書は依然として自己完結的である。授業構造を抜本的に改めないかぎり，改革の趣旨は空転するばかりであろう。

問題解決学習は，単元の枠を越えた展開になることがしばしばある。時として，教科の枠を超えることもある。そうした性格からすると，内容配列は柔軟であることが要求される。子どもたちの学習状況に適合するよう，場合によっては配列の変更や複合化を画策することも必要であろう。たとえば，連立方程式と一次関数は複合的に扱うと理解が促進され，思考が働きやすくなる可能性が大きい。小学校段階で最もつまずきやすい各種の相対数（分数，割合，百分率，確立，速度等）は，一連のものとして扱えば，理解が深まり確かな学力が形成されるだろう。

第6章　国語の実践

　もしかすると国語は，問題解決学習にふさわしくない教科だというイメージがあるかもしれない。しかし，自らの経験に照らしながら登場人物の心情を推し量る（文学的文章の場合），論述内容の不明点を確かめるために関係図書を読む（説明的文章の場合）というように自ずと問題解決的な学習が展開されていることも少なくない。それは文章内容の魅力，触発力によるところが大きい。あからさまな言い方をすれば，国語では労せずして学習問題の成立を見込むことができるのである。しかも，読後にはどの子も自分なりの感懐や見解を持つことができ，意見交換を行うための下地が整いやすい。

　国語の問題解決学習は，学力形成の面でもさまざまなメリットをもたらす。わけても意見交換の過程では，相互限定，相互影響のもとで学力が統合的に培われるので，自己変革を伴う可能性が大きい。

　概していえば，国語は他の教科に比べて授業展開の類型化がすすんでいるように思われる。それだけに，育てるべき学力を想定したうえで授業のすすめ方を模索するという初心が忘れられている感が強い。昨今の半ば定式化した授業は，本当に実りあるものになっているのだろうか。その点についても今ここで問い直してみたいと思う。

　本章では，そうした問題をも視野に入れ，問題解決学習の実践方法について論述する。なお，便宜的に三つの項に区分して論を展開する。まずはじめに国語の学力に関して論及し，次に主要な学習内容である説明的文章の場合について，そして文学的文章の場合について方法論を述べる。

国語の学力とは

　国語の学力を規定することは，甚だ難しい。「言語能力」という国語の学力を包括するであろう言葉は確かに存在する。しかしそれは，国語学習を通して獲得される特有の力を的確に言い表しているとはいえない。否，そもそも言語能力は主として日常生活の中で養われるものであり，他教科の学習の中でも培われる。よって，言語能力養成における国語独自の役割を考えること自体，無意味であるようにも思える。

　こうした論議を突きつめてゆくと（どういうわけか，この種の問題はこれまでほとんど省みられなかった），ついには国語不要論へと向かう可能性がある。だが，それは避けるべきことであろうか。旧来，国語には最も多くの時間が配分されてきた。それは国語が基礎教科たる所以であろう。すなわち，国語学習で培われた言語能力は，他教科の学習の基礎能力として働くはずだという暗黙の了解があったからこそ，国語は最重視されてきたのである。しかし，先に述べた国語独自の役割（学力）を明確にすることが困難だとすれば，その位置づけをも見直す必要がある。ひいては，各教科および「道徳」の時間配分のバランスを再検討する必要があるだろう。

　国語独自の学力をどう規定すべきか，改めて考えてみたい。まずそれが広義の言語能力に含まれるものであることは，言を待たない。だが，説明的文章を学習材にする場合と文学的文章を学習材にする場合では，養われる力が明らかに異なるはずだ。そこで，便宜的に学習内容を介して学力の実質を規定することにしよう。

　最初に説明的文章の場合について述べる。説明的文章は，三つの教育的機能を備えている。一つは，叙述の対象と読者である子どもとの出会いを実現する機能である。次は，筆者の視点を媒介として読者である子どもの視野を広げたり，興味関心を喚起したりする機能である。そしてもう一つは，論理的な文章構成の範を示すという機能である。なお，前二者については，一体の機能であるように思われるかもしれない。しかし，後述するように方法（授業のすすめ

方）次第では，二つ目の機能が発揮されないこともある。

　さて，これらの機能が学力形成に大いに寄与しうることはいうまでもない。学力の中身については，機能の内容からほぼ推測できるであろう。よって，ここでは補足説明を加えるにとどめる。説明的文章のテーマは自然科学に関するものが多いが，その場合も社会的な問題と関係づけて論述されていることが少なくない。その他には，社会科学や人のさまざまな側面に関するものがある。それゆえに，子どもたちの心の目が自然や社会や人間，そして時には自分自身に開かれてゆくこともある。興味関心ばかりか強い問題意識が喚起されることもありうる。また，こうしたことから説明的文章は，他教科および総合的な学習の学習動機を育む可能性を秘めている。これは他教科からみれば，大きなメリットである。だが，以上のような形で学力形成や意識の喚起が実現するかどうかは，授業のすすめ方（方法）にかかっている。それ次第では，各機能がほとんど発揮されずに終わることがある。旧来の考え方では，説明的文章を扱う場合に模範的な文章および文章構成に学ばせるべく先の第三の機能がとりわけ重視されてきた。そして，第二の機能はあくまで副次的なものとして処遇されてきた。それどころか触発された興味関心に沿って学習を発展させることは，国語らしからぬ逸脱行為と見なされることもあった。こうした事情から，心の目を開くという第二の機能は生かされないことが多いように思われる。

　次に文学的文章の場合について述べる。文学的文章では，叙述内容そのものが舞台となり世界となる。子どもにとっては，叙述自体が直接の認識対象となる。内容理解のためには自らの経験を拠り所にして読み進める必要があり，内省的思考が要求される。また，肝心な場面であればあるほど示唆的に述べられていることが多いので推察したりイメージしたりすることが不可欠になる。

　以上のことから，次のような学力養成が見込まれる。叙述（言葉）を介して情況を想像する能力，人間関係や心情などを忖度し，察知する能力。情緒的な事柄を知的に解釈し直し，客観的に確認できる形（表現）に置き換える能力等。

　こうした力は，問題解決的な意見交換を取り入れることによって，さらに客

観性と普遍性を増す。聞き手の身になって言葉を選び，順序や構成を考えつつ話すことが求められるからである。また同時に，自らが感じたこと，考えるところ，ひらめいたことを焦点化し，適切な表現に置き換えることが要求されるからである。なお，このような学習過程を通して，読解力も高められる。

説明的文章をどう扱うか

　旧来，説明的文章の学習といえば，「段落分け」と「要旨のとらえ」が主要かつ必須の課題とされてきた。だが，学力としての「段落分け」の力が将来生きて働く可能性は，果たしてどれだけあるだろうか。「段落分け」をしてから書物を読むという人は皆無だし，実際のところ読解の一助にすらなりえない。そのことは，子どももよく承知しているようだ。ゆえに，「段落分け」を行う必要感など湧いてくるはずもなかろう。「要旨のとらえ」については，その力が将来に生きて働く可能性が，比較的大きいように思われるかもしれない。しかし，私たちは日常生活の中で相手の話や説明書の要点を把握する際，自らの必要に応じて選択的にそれを行う。つまり，あくまで個人的，個性的に行っている。客観性，一般性を重視した「要旨のとらえ」は，むしろ特別な場合にしか行わない。説明的文章の扱い（目標論）に関して，根底的に考え直す必要があるのではなかろうか。次に，以上述べた問題についてさらに検討を加える。

　小学4年の国語教科書（光村図書）に収められている説明的文章（土屋圭示作「カブトガニを守る」）を扱ったとある授業で，先の問題を象徴するような事態が生じた。まずその該当ページを掲げておこう。

　この文章の読後に，学習問題を設定すべく子どもたちに疑問点をあげさせたところ，国語らしくないものが続出した。それらの一部を以下に列挙してみよう。「体はどんな色か」，「顔はどこにあるのか」，「どんな顔をしているのか（いかめしいかぶと？）」，「なきごえは出るのか」，「どうしてこういうところにしか住んでいないのか」，「あんまり食べないのになぜ生きているのか」，「骨や内蔵はどうなっているのか」，「は虫類なのか，虫なのか，動物なのか」。

これらにとどまらず、出てきた疑問のすべてが要するに、カブトガニがどんな生き物なのかもっと詳しく知りたい、という知的欲求から発せられたものであった。教師は少しく当惑したという。彼は説明的文章にふさわしい、つまりは旧来の型通りの授業を意図していたからである。実際問題として標題の右横には「段落のつながりに気をつけて」という「段落分け」を促す助言が施され、本文の下方には「段落分け」の課題とヒントが付記されている。「段落分け」は、代表的な「基礎・基本」の一つであり、

> 第一の理由は、海の底のどろの中でひっそりと生活してきたことです。そのため、てきにおそわれることが少なく、気候の大きな変化にも、えいきょうを受けなくてすんだのです。
> 第二の理由は、食べ物が少なくても、半年以上もどろの中で生きていられるということです。何も食べなくても、半年以上もどろの中で生きていられるのです。
> 第三の理由は、たまごを数百こずつ分散してうむことです。そのため、たまごがぜんめつする心配がありません。
> このようなとくちょうをもつカブトガニも、今では、ずいぶん少なくなりました。海がよごれ、海岸がうめ立てられ、カブトガニのすみかがうばわれてきたからです。
> そこで、カブトガニを守る運動が、岡山県笠岡(おかやまけんかさおか)市など、各地で進められるようになりました。カブトガニを守ることは、自然を守り、わたしたちのくらしを守ることにつながるのです。

  10   5
● 自(シ)ゼン   ●各(カク)地   分(ブン)散   ●変(ヘン)化   気(キ)候   底(ソコ)   ●問(と)いかけ   ●変(か)える   二億(オク)年   説明文   段落(ラク)
○自然   ○各地   ○分散   ○変化   ○気候

29

説明的文章はそれを養成するための至当な内容とされてきた。だが、先の実践例は、「段落分け」という課題が子どもたちの学習意識から大きく乖離していることを私たちに教えてくれる。もっともそれは、あくまで一例にすぎない。しかし、子どもたちの抱いた疑問をあらためて見てみると、それがごく自然なものであることが了解できるはずだ。

実は、もう一つ重大なずれが潜在している。筆者が最も訴えたいことは、最

第6章 国語の実践

> 段落のつながりに気をつけて●説明文
>
> 二
>
> # カブトガニを守る
>
> 土屋 圭示
>
> カブトガニは、北アメリカの東海岸と、アジアの一部にしか住んでいない、めずらしい動物です。日本では、瀬戸内海の一部や九州北部などに見られます。全長およそ六十センチメートル、するどいつるぎのようなしっぽをもち、いかめしいかぶとのような頭をしています。
> カブトガニは、実は、二億年もの昔から、ほとんど形を変えることもなく生き続けてきた動物です。なぜ、そんなにも長い間生き続けることができたのでしょうか。
>
> ・上の文章のまとまりは、カブトガニのしょうかい部分です。二つ目から後のまとまりを、①問いかけの部分、②問いに答えている部分、③今の問題を取り上げている部分に分けましょう。
>
> 出典『国語四上かがやき』光村図書出版、平成13年

後の2行にしたためられている。すなわち,「カブトガニを守ることは,自然を守り,わたしたちのくらしを守ることにつながるのです。」という一文である。これはいうまでもなく,自然保護の意識を喚起するための提言である。だが,子どもたちはこのような筆者の問題意識に共感できるであろうか。カブトガニが現存する類い希な古代生物であり,希少動物であることを深く理解しないかぎり,それは不可能なのではなかろうか。しかし,深い理解を保障しようとすれば,理科的な追究を許容せざるをえない。かくして従来の授業パターンのままでは,筆者の訴えが子どもたちに伝わる可能性はとても薄いのである。このことは,他の説明的文章の場合についてもいえることだ。

　説明的文章の大半は,科学読み物である。そのために子どもたちが抱く読後の疑問も,純然たる科学上のそれであることが多い。そうした疑問にもとづいて学習問題が成立した場合,追究は自ずと国語の枠を越えていく。時には,理

科の学習にまで発展することもある。子どもの主体性を重んじる問題解決学習では，特にそのように進展していく可能性が大きい。国語の枠から逸脱した学習は，もとより認めないとする立場もあるだろう。しかし，それでは科学の世界に子どもたちの心の目を開こうとする説明的文章の持ち味がほとんど発揮されずに終わってしまいかねない。また，子どもたちの望みに反した学習を強いることにもなりかねない。そこで，説明的文章の確かな読みを実現するには，裏付けや確認のための幅広い学習が必要になることを一つの前提としてはどうだろうか。そのうえで，国語の枠を越える学習をどう保障するか，また，それをどう生かすかという問題について考えるのが実質的ではないだろうか。

　具体的には，調べ学習や実験・観察を要する疑問については各自の自由課題とし，学習成果の発表と質疑応答の機会を国語の時間に設けるという方法がある。専門家の見解や論説である説明的文章の内容を唯々諾々と受け入れるのではなく，自らの見聞を広げ深めるための好材料にするという態度は，それこそ基礎学力として生きるに違いない。他の方法としては，理科や生活科や総合的な学習との統合が考えられる。これらはいずれも導入に難しさがあるが，説明的文章はその有力な糸口ともなりうる。

　さて，説明的文章の場合，即座には問題解決的な意見交換が成立しにくい。説明的文章は理路整然と論述されているので，解釈上の大きな隔たりや相違がそれほど生じないからである。だが，そればかりではない。説明的文章には，たいてい専門分野の知見や用語が盛り込まれている。そのため，時に子どもとの間に距離が生まれ，筆者の真意やメッセージが十分に伝わりにくいという側面もある。しかし，既述した内容理解を補充するための学習を前段階として位置づければ，それらがより確実に受けとめられることになる。そして，筆者の提起した見解をめぐり意見交換を行うことができる。そういう意味で補充的な学習は，問題解決学習をすすめるうえで大きな位置を占める。

　付言しておく。私は先に「段落分け」不要論を提起した。しかし，段落それ自体の必要性とその設け方については，子どもたちに是非とも会得させたいと

考えている。段落は，読み易さを配慮し，具現するうえで，不可欠ともいえる手立てだからである。

　もし，適切な段落の設け方を習得させるべく「段落分け」を課すというのであれば，それは論理の飛躍というほかはない。段落について学ぶ意欲が湧いてくるのは，自らが文章の読みにくさを実感したときであり，自分の書く文章の読み易さを読者のために配慮するときである。よって，段落に関しては「書く」学習と「読む」学習を関連づけながら問題解決的に学ばせることが望ましい。

文学的文章をどう扱うか

　文学的文章は人の生きざま，人と人のふれあい，人情の機微，心境の変化起伏などを題材としている。そのため，読みを深めていくうちに感性が磨かれる，新たな人間観が開かれる，経験の新たな意味づけが行われる，新境地が開かれる，自らのあるべき姿，未来像が登場人物に重ねて思い描かれるなど人間形成の面への影響力が大きい。それはいわば，作品に潜在する教育力である。その教育力を存分に生かすには，感情移入できるようじっくりと時間をかけて読むこと，また，角度を変えて読み返すことがやはり必要であろう。そしてさらに，他者の違った読み（解釈）との出会いがあれば，共感したり衝突したりする中で，より深く豊かな読みが可能になる。さらにいえば，心と頭を精一杯働かせるそのような読みの学習には，おもしろさや醍醐味がある。そうした意味で，意見交換を主軸にした問題解決学習は好適であろう。しかも，すでに述べたように，作品を読み進めるうちにさまざまな思いや考えが湧いてきては交錯し合うので，解釈をめぐる切実な学習問題が成立しやすい。

　ところで，従来の国語教育においては，上記のような人間形成にかかわる学習の意義は必ずしも重視されていない。そればかりか，「国語らしくない」という否定的な見方をする向きもあった。そうした背景には，中学校指導要領の「文章の展開を確かめながら主題を考えたり要旨をとらえたりすること」（8ペ

ージ）という一節に代表される，文章表現の形式面の把握を内容理解の前提と考える旧来の学力観がある。（同ページには「文章に表れているものの見方や考え方を理解し，自分のものの見方や考え方を広くすること」という一項もあるが，これは説明的文章に対応するものであろう。）また，「内容を的確に理解する」（同書，7ページ）という一節に代表される，正しい内容理解が一意的に規定できると考えているかのような旧来の学力観がある。そうした学力観にもとづいて授業をすすめるならば，読解の深さと幅が狭く限定されることになる。学習問題も定式化し，おもしろ味の乏しい授業となってしまう。加えていえば，言語能力は明敏でしなやかな人間理解，人間関係理解をベースとしなければ的確には発揮されない。旧来の学力観では，その点が看過されているに等しい。そのために，人間形成の問題への関心が薄く，言語能力を技能のレベルで考えがちなのではなかろうか。

　改めていうが，文学的文章（の学習）は，人間形成に寄与する大きな潜在力を秘めている。そこにおいては，人間理解の基礎的な力が陶冶されるからだ。もっともその点に関していえば，日常生活における経験的な陶冶力は，はるかに多大である。しかし，文学的文章（の学習）には，日常経験には期待し難いメリットがある。それは，人間を，そして人間関係を距離をおいて見つめることができるという間接性である。それは，言い換えれば責任を問われない気楽さである。そういえば，悪印象が生じてしまうかもしれない。しかし，そのゆえに子どもたちは裸になれるのである。本音が気兼ねなく出せるのである。だから，意見交換は熱を帯び，学習がどこまでも深められてゆく。

　「道徳」の副読本と比較してみよう。その特徴は，価値や規範の内面化をはかるべく作品が描かれている点にある。また，価値や規範を焦点化するために，場面設定や状況説明をごく簡明に行っている。そうした作品を子どもたちは構えることなく，ありのままの自分を作品に投影しながら読むことができるだろうか。特に高学年生の場合には，押しつけがましさを感じて，つい反発したくなってしまうのではないか。

副読本の内容には，もう一つ大きな特徴がある。それは話の展開や結末が合理化されている点である。あるべき方向が多くの場合予定調和的なのである。それでは人間本来の姿や日常経験とかけ離れてしまう。いかにも作り話だという感じを受けてしまう。一方，文学的文章はむしろ人間の心の不合理性に焦点を当てて描かれている。それだけに現実の生活，現実の自分と重なり易いのである。それとわかっていても，問題行動をしてしまう生の人間を彷彿させやすいのである。日常生活の中で問題解決的に行われる人間形成の営みを，やや遠くから支える。文学的文章の学習には，そのような働きが期待できる。

おわりに

　教育実践には底知れぬ深みがある。創造的な研究を行うには，実践からの学びを足がかりとしなければならない。そう確信するようになったのは，大学院生の頃である。以来，授業参観や実践研究を通じて，有意義な学びを数多くさせてもらった。その学びの中には，現行の教育システムや教育理論の問題点を，具体的な形で知るということも含まれていた。表題中の「教育を変える」という言葉は，その経験の反映である。また，その前に「問題解決学習で」という言葉をおいたのは，問題解決学習が教育を根底から変えるための最も有力な方法だと考えるからである。

　問題解決学習の理論的見解はわかれている。異質なるものが同一の名称で並存している現状は，改善されなくてはなるまい。そういう思いから私は，本書において問題解決学習の新たな理論を提起した。知識とは何かという原点に立ち返ることによって，統一的な理論を導こうとしたのである。果たして，説得力のある理論となりえているだろうか。

　問題解決学習の実践方法については，どうすれば首尾よく展開できるかという現実的な観点からも述べた。問題解決学習は実践するのが難しいという現場の声を耳にしたからである。なお，社会科は子どもたちの未来を左右するとりわけ重要な教科なので，多くのページを費やした。

　説明不足の点も多々あると思うが，本書が日頃の実践の参考になれば幸いである。

[著者紹介]

植 村　繁 芳（うえむら　しげよし）

1949年，香川県高松市に生まれる。1987年，立教大学大学院文学研究科後期過程満期退学。信濃教育会教育研究所所員を経て，現在，中央大学講師，明治学院大学講師。

[主な著書]

『子どもの個性が生きる授業』共著，黎明書房，1989年

『信州発「生活科」の実践』共著，黎明書房，1992年

問題解決学習で教育を変える

2005年4月15日　第1版第1刷発行

著　者　植村　繁芳

発行者　田中　千津子

発行所　株式会社　学文社

〒153-0064　東京都目黒区下目黒3-6-1
電話　03（3715）1501 代
FAX 03（3715）2012
http://www.gakubunsha.com

© Shigeyoshi UEMURA 2005

乱丁・落丁の場合は本社でお取替えします。
定価は売上カード，カバーに表示。

印刷　新灯印刷
製本　橋本喜太郎製本所

ISBN4-7620-1395-1

柴田義松編著 **教育学を学ぶ** A5判 160頁 定価 1785円	教員養成のあり方が問われ，「教育学」の内容についてもきびしい反省が求められている。教師がもつべき豊かな教養の核となる教育学とはどのような学問であるかについて，教育の原点に立ち返り探究。 0944-X C3037
柴田義松編著 **教育課程論** A5判 188頁 定価 1890円	学校は子どもに何を教え，何を学ばせたらよいか。子どもの必要と社会的必要にもとづき吟味し評価。教育課程の意義と歴史，教育課程編成の原理と方法と2部立て。教育課程編成の社会的基礎，ほか。 1032-4 C3037
丸橋唯郎・佐藤隆之編著 **学生と語る教育学** A5判 192頁 定価 1890円	学ぶものの視点にできるだけ寄り添い，教育に関する学びのサポートをめざして編まれた教育学入門書。基礎編では基礎知識や理論にふれ問いにとりくみ，応用編ではコミュニケーションを中心に考察する。 1173-8 C3037
柴田義松編著 **教育の方法と技術** A5判 157頁 定価 1785円	教職への入門書として，教師がもつべき専門的教養の中核となる教育の方法と技術とは。学力と教育評価，授業改造と情報機器ほか，子どもに正しい効果的な学び方を指導し，みずから学ぶ力をつけさせる。 1031-6 C3037
佐藤順一編著 **現代教育制度** A5判 240頁 定価 2520円	教職教養として日本の近代教育制度全般についての知識を習得できるよう配慮。戦後の教育制度の変遷をたどりつつ，多様化する社会，現代日本の教育の状況をふまえた視角を重んじ幅広く概説した。 1353-6 C3037
和井田清司著 **教師を生きる** ——授業を変える・学校が変わる—— 四六判 264頁 定価 2100円	教育改革の激震が学校を襲っている現在，現場の教師たちの勇気や智慧を学び，授業を変え，学校を変える取り組みを足元から起こすべく，今あらためて'教師'を見つめなおす試み。 1332-3 C3037
柴田義松・山﨑準二編著 **教職入門** A5判 184頁 定価 1890円	学校教員のライフコース全体を見渡し，日常活動，法制の基礎認識に加え，学校内外活動にもふれた。現職教員の参加も得て執筆された活きた教職入門書。「教職の意義等に関する科目」の授業用に最適。 1191-6 C3037
柴田義松・宮坂琇子・森岡修一編著 **教職基本用語辞典** 四六判 320頁 定価 2625円	教員免許取得のために大学で学ぶ教職課程の諸科目である教育学，教育心理学，教育史等の基本用語を各分野別に配列し，解説。採用試験に役立つ基本用語を精選したコンパクトな一冊。 1301-3 C3037